동양
고전
사서四書,
인간의 길을 찾다

동양고전 사서四書,
인간의 길을 찾다

초판 1쇄 인쇄 2022년 3월 11일
초판 1쇄 발행 2022년 3월 18일

지은이 고재석
펴낸이 신동렬
책임편집 신철호
외주디자인 아베끄

펴낸곳 성균관대학교 출판부
등록 1975년 5월 21일 제1975-9호
주소 03063 서울특별시 종로구 성균관로 25-2
대표전화 02)760-1253~4
팩시밀리 02)762-7452
홈페이지 press.skku.edu

ISBN 979-11-5550-531-1 03150

동양 고전 사서 四書,
인간의 길을 찾다

고재석 지음

성균관대학교
출판부

‖ 차례 ‖

왜 동양고전
〈사서〉인가

1. 길을 잃은 인간 그리고 길을 찾기 위한 노력

'칠흑 같은 어둠'을 경험해 본 적이 있는지. 10여 년 전쯤으로 기억한다. 늦가을 어느 날 오후, 산 아래에서 정상을 보고 있는데 왠지 금세 오를 것만 같았다. 양복에 구두까지 신었지만 '산을 넘어 집으로 가자!'는 생각에 그냥 오르기로 했다. 그런데 막상 정상을 오르고 나니 벌써 어둠이 내려앉아 한 치 앞도 볼 수 없었다. 길이 전혀 보이지 않으니 오늘 밤 안에 내려갈 수 있을까 걱정되기도 하였고, 관악산을 너무 쉽게 보았다는 후회의 마음이 들기도 했다.

　한참을 어둠 속에서 길 아닌 길을 더듬어 가며 가까스로 내려오다 보니, 어느새 밝은 달이 솟아 올랐다. 어렴풋이 길이 보이기 시작했다. 흐릿하게 드러난 길을 따라 천천히 하산하니 달은 중천에 떠올랐고, 길은 보다 명확해졌다. 낮에 갔더라면 걸음은 더 거침없었을 것이다. 해가 밝게 비추고 있어 길이 훤히 보이기 때문이다. 물론 마주한 길을 명확히 볼 수 있더라도 우리는 길을 잃기도 한다. 갈림길이나 기존과 바뀐 환경에서 어떤 길을 선택해야 할지 모를 때 그렇다. '이쪽으로 가면 호랑이가 있지는 않은지, 얼마 전 폭우에 혹 길이 끊어진 것은 아닌지, 아니면 막다른 길은 아닌지…' 등등 여전히 판단하기 어렵다.

살아가는 동안, 산에서 길을 찾지 못하는 것처럼, 마주한 일을 어떻게 대처해야 할지 몰라 당황했던 경험이 누구나 한 번쯤 있을 것이다. 어쩜 종종 아니면 자주 그런 일이 있을 수도 있다. 작게는 학업, 진로, 취업, 결혼 등의 개인적인 선택의 문제뿐만 아니라, 크게는 정치, 경제, 교육, 기업경영, 국제관계 등에 있어 적절하게 대처할 줄 모르니, 답답하기만 하다.

우리가 길을 잃는 이유는 대략 두 가지 경우로 요약할 수 있다. 하나는 해도 달도 없는 어둔 밤 산에서 길을 잃는 것처럼, 마주한 현실을 제대로 인식하지 못해 인간의 길을 모르는 '무지無知'의 경우이다. 다른 하나는 해와 달이 산길을 비추듯, 처한 현실을 정확히 인식하였으나 어느 길이 최상의 선택인지 모르는 경우이다.

길을 찾는 가장 흔한 방법은 직접 경험을 해 보는 것이다. 어둠 속에서 길을 더듬어 가며 길을 찾거나 갈림길에서 어느 한쪽을 선택하여 직접 가 보듯, 마주한 문제들을 몸소 체험하여 길을 찾아보는 것이다. 직접적인 경험은 우리에게 강렬한 인상을 주어 지치지 않는 행동의 동력이 될 수 있다. 하지만 어둠 속에서 길을 찾듯 현실을 정확히 인식하기란 매우 힘들고, 또 마주한 현실을 정확히 파악했다 할지라도 선택한 길이 최선의 길인지 장담하기도 어렵다. 직접 길을 찾아 나서는 것은 치러야 할 대가가 클 수 있고 돌아와 다시 길을 찾는 데도 시간이 많이 걸릴 수 있다.

위험부담을 줄이고 시간절약을 하는 방법은 길을 아는 사람에게 도움을 요청하는 것이다. 어두운 밤이라도 손전등을 갖고 있는 사람과 함께 길을 가면 그나마 안심이 된다. 궁색하더라도 길을 비출 수 있기 때문이다. 또한 대낮에 갈림길에서 어느 길을 선택해야 할지 모를 때, 그 산에 대해 풍부한 경험과 해박한 지식을 지닌 사람에게 묻는다면 안전하고 빠른 길을 쉽게 찾을 수 있다.

문제는, 그 사람이 산길을 알고 있다 할지라도 '대동여지도'를 그린 고산자古山子 김정호만큼 전체 산맥 속에서 길을 파악하고 있기는 어려울 것이고, 실시간 기상변화도 감지하며 변화에 대응하기는 무척 어렵다는 점이다. 탁월한 지혜를 가진 자가 있다면 격변의 시기에 미래를 주도하는 길로 나아갈 수 있지만, 그런 지혜로운 사람은 찾기도 어려울 뿐만 아니라, 찾았다 할지라도 만나기 어렵다.

고전이 그래서 필요하다. 고전의 학습은 간접적인 경험을 통해 지금 바로 여기에서 안전하고 빠른 길을 찾는 최적의 방법이다.

2. 고전의 의미 그리고 고전의 힘

국립국어원『표준국어대사전』에 따르면, '고전古典'은 오랫동안 많은 사람에게 널리 읽힌 경전이나, 모범이 될 만한 예술 작품 등을 지칭한다. 19세기 이래 동서양의 만남 속에서 'classic'이란 용어가 고전으로 번역되면서, 동양고전뿐만 아니라 서양의 고전까지 망라하는 의미로 확대되었다.

고전은 대략 몇 년이 지나야 그 지위를 얻을 수 있을까? 100년? 500년? 1000년? 사실 고전의 '고古'는 시간의 '오래됨'만을 의미하지 않는다. 시간은 지금 말하는 순간 이미 지나간 과거가 되어 버리기 때문이다. 그러니 오래된 옛 사람들의 작품만이 아니라 오늘을 살고 있는 사람들의 것도 '古'의 범주에 속한다. 다만, 시간과 공간을 초월하여 공감이 확산되기 위해서는 두 가지 조건이 충족되어야 한다. 문자든 미술작품이든 음악이든 건축이든 표현형식을 갖추고 있어야 하고, 상식적이고 보편적인 내용을 담고 있어야 한다. 그래서 '전典'은 전범典範으로 모범이 될 만한 내용을 담고 있는 표현형식을 의미한다.

물론 질적으로 높은 수준을 지니고 있어서 가치가 있고 생각을 자극하며 영감을 주는 고전이라 할지라도 어느 시간과 어떤 공간에서는 공감되지 않을 수 있다. 직면한 상황과 문제해결 방식이 다르기 때문이다. 그럼에도 각자 마주한 문제 상황을 진실하게 묻고 해결하려 노력한 내면의 생각을 담고 있는 고전은 반드시 공감의 시간적 연속과 공간적 확대가 이루어진다. 본질적이고 모범적인 내용을 담고 있는 표현형식이기 때문이다.

20세기 초반 삼류대학으로 치부되던 시카고 대학이 고전 100권을 읽어야 졸업할 수 있다는 '위대한 고전[The great books]' 프로그램을 도입한 후 노벨상을 다수 배출하는 명문대학으로 도

약하였다. 문화융성의 꽃을 피운 조선시대 선현들도 새로운 지식 창조가 고전학습의 기초로 이루어진다고 보고, 이치탐구와 자아 성찰을 위해 독서 공부를 강조하였다. 동아시아에서 만세사표萬世 師表로 불리는 공자도 만년晩年에 고전을 좋아하여 가죽으로 엮은 책의 끈이 세 번이나 끊어질 정도로 『역易』에 몰입하였다고 한다. 삶에 몇 년의 시간이 더 주어졌다면, 『역』이라는 고전을 통해 변화의 이치를 터득하고 진퇴존망進退存亡의 도리를 깨우쳐 큰 허물이 없었을 것이라고 고백한 것이다.

일본 자본주의 아버지로 칭송받는 시부사와 에이치는 『한손에는 논어를 한손에는 주판을』이란 책을 출간하여 도덕경영과 이윤추구가 상호 배척이 아니라 상호 합일의 관계에 있다고 주장하였다. 어린 시절 사서오경을 배웠고, 어느 순간에도 『논어』를 손에서 놓지 않으면서, 도덕이 기초가 된 이윤 추구의 길을 제시한 것이다. 탁월한 기업가의 한 사람이었던 삼성 창업자 호암 이병철 회장도 1980년대 중반에 출간된 자서전 『호암자전』에서 "가장 감명을 받은 책, 혹은 좌우에 두는 책을 들라면 서슴지 않고 『논어』라고 말할 수밖에 없다. 나라는 인간을 형성하는 데 가장 큰 영향을 미친 책은 바로 이 『논어』이다. 나는 경영에 관한 책에는 흥미를 느껴본 적이 별로 없다. 내가 관심을 갖는 것은 경영의 기술보다는 인간의 마음가짐에 관한 것이다."라고 하였다. 『논어』에는 인간의 길에 대한 내적 규범이 담겨 있어 인간이 사회인으로 살아가는 데 필요한 내면의 마음가짐을 알려준다고 했다.

흥미롭게도 Apple의 CEO Steve Jobs도 "혁신은 리더와 팔

로워를 구분 짓는다.”[Innovation distinguishes between a leader and a follower.]라고 말하고, AI와 디지털 기반으로 대표되는 4차 산업혁명 시기, 누구도 가보지 않은 새로운 길을 만들기 위해 그는 “소크라테스와 하루 오후를 보낼 수 있다면 나의 기술 모두를 내놓겠다.”[I would trade all of my technology for an afternoon with Socrates.]고 말하였다. Apple의 혁신적인 기술 모두를 교환할 만큼 탁월한 지혜에 대한 갈망이 컸음을 짐작할 수 있다.

온고지신溫故知新이라는 말이 있다. 옛것을 익숙하게 배우고 새것을 아는 것이란 말이다. 인류가 남긴 지혜의 보고인 고전을 읽는 ‘온고溫故’는 세상에 대한 나의 시선을 탁월하게 성장시키는 지름길이자, 지금 바로 여기를 살고 있는 나의 삶을 의미 있게 만드는 창의적 지혜를 쌓는 ‘지신知新’의 토대다.

고전의 힘은 바로 여기에 있다.

첫째, 고전을 익숙하게 탐독하면, 각기 다른 시간과 공간 속에서 형성된 최고수준의 지혜를 직접적인 경험 없이도 간접경험을 통해 습득하여 나의 지혜가 고전의 수준으로 성장할 수 있다.

둘째, 옛것을 익숙하게 익히는 것은 새것을 알기 위한 전제다. 지혜의 습득은 ‘나’의 삶을 의미 있게 하는 창의적 지혜로 새롭게 재구조화된다.

3. 〈사서〉의 현재적 의의

동양고전 가운데 시간과 공간을 달리하며 많은 사람들에게 주목을 받아온 고전은 〈사서四書〉이다. 성리학을 집대성한 주자朱子가 『예기禮記』 속의 『중용中庸』과 『대학大學』을 장구章句하여 풀이하고 『논어論語』와 『맹자孟子』에 대한 선대의 주석을 집주集注하여 해석한 후 『사서장구집주四書章句集注』를 편찬하였는데, 훗날 『대학』, 『논어』, 『맹자』, 『중용』의 〈사서〉로 약칭하였다. 〈사서〉는 원대 이후 과거시험의 필독서로 자리를 잡으면서부터 핵심 고전으로 여겨졌다. 우리나라는 조선시대 이후 오경중심에서 〈사서〉 중심으로 사유의 전환을 시도하였다.

  〈사서〉에 대한 부정적 인식도 존재한다. 역사적 전개 속에서 지배 이념을 공고히 하기 위한 이론 근거로 곡해된 적도 있고, 일제 강점기 식민지배를 공고히 하기 위해 의도적으로 만들어낸 왜곡도 있으며, 근대화 이후 오리엔탈리즘의 흐름 속에서 진행된 전통에 대한 맹목적인 부정과 자기 비하의 착오도 있다. 비판은 공정해야 할 것이다. 하지만 여기서는 왜곡된 다양한 프리즘을 걷어내고, 지금 바로 여기에서 〈사서〉의 가치를 다시금 재해석하여 발굴하는 시도를 해 보고자 한다. 〈사서〉가 여전히 우리에게 의미를 주는 가치는 세 가지로 요약할 수 있다.

  첫째, 〈사서〉는 인간에 대한 강한 신뢰를 기반으로 하고 있다. 사람이면 누구나 학습과 경험을 거치지 않고도 자연스럽게 자신의 마음에서 인간의 길을 찾을 수 있다는 신념이다. 한때 배움이 필요한 대상을 두고 어리석고 불안하다 간주하고, 지식적인 앎과 실천적인 능력을 갖추도록 일방적이고 타율적인 방식으로 주도한 적이 있었다. 인간을 어떻게 바라보느냐 하는 시각의 문제였다. 인간은 스스로 잘못을 자각하고 지혜를 갖출 수 없다는 비관적 태도는 이제 잠시 보류할 필요가 있다. 어떻게 해야 부끄럽지 않은지, 무엇이 옳고 그른 것인지 알 수 있는 힘이 마음에 선험적으로 내재되어 있음을 긍정할 필요가 있다. 선험적으로 지니고 있는 '양심'과 같은 마음은 인간다움의 길로 나아가는 데 강력한 사고와 행위의 동력이 될 수 있다.

둘째, 〈사서〉는 인간다움의 실현을 위한 현실적이면서도 쉬운 길을 제안한다. 필리핀 바다는 스노쿨링으로 유명하다. 맑은 물에 비추는 형형색색의 물고기와 바다 식물은 보고만 있어도 경이롭다. 그런데 50M만 나가도 금세 끝이 보이지 않는 어두컴컴한 바다절벽을 만난다. 어둔 바다가 주는 공포는 실로 오래 보고 있기 힘들게 만든다. 〈사서〉의 관심은 잘못을 반복하고 도덕수준이 높지 않은 우리 같은 일반 사람들에게 있다. 인간은 어떤 존재인가, 죽으면 어떻게 되는가, 이치는 무엇인가, 하늘은 무엇인가 등의 추상적이고 형이상학적인 내용을 먼저 강조하지 않는다. 처음부터 끝없는 깊이의 바다 속을 보여주어 두려움에 떨게 하기보다는, 누구나 쉽게 안심하며 바다를 즐길 수 있도록 인간다움의 실현을 위한 쉬운 방법을 제안한다.

"자리가 없음을 근심하지 말고, 그 자리에 설 능력이 없음을 근심하라[不患無位, 患所以立]"(『論語』「里仁」), "남에게 화를 옮기지 말고,

잘못을 두 번 반복하지 말라[不遷怒, 不二過]"(『論語』「雍也」), "말보다 행동이 앞서야 한다[先行其言而後從之]"(『論語』「爲政」), "무슨 일이든 빨리 이루려 욕심 부리지 말고, 작은 이익을 탐하지 말라[無欲速, 無見小利]"(『論語』「子路」), "자기가 하기 싫은 것 남에게 베풀지 말라[己所不欲, 勿施於人]"(『論語』「顏淵」) 등과 같이 유치원생도 알아들을 수 있고 실천 가능한 일상에서부터 혁신할 것을 강조헌다.

자기 수준을 넘어 처음부터 성인의 경지를 논하면, 자칫 자신과 무관한 일이 되어 버리거나 타율에 의해 의미 없는 실천을 하게 되어 지속하기 어려운 일이 발생할 수 있다. 가까운 관계에서 드러나는 자연스런 감정에 기초하여 자율적으로 미루어 범위를 확대해야 말과 행동에 힘이 실린다. 이것은 일반 사람들도 자유롭고 평화로운 인격을 이룬 성인이 될 수 있는 가능성을 확인시켜 줄 뿐만 아니라, 이상을 실현하는 현실적인 방법이 될 수 있다.

물론 무한의 바다와 같은 궁극적인 경지가 없는 것은 아니다. 제자 안연은 공자의 도를 "우러러볼수록 더욱 높고, 뚫을수록 더욱 견고하며, 바라봄에 앞에 있더니 홀연히 뒤에 있다[仰之彌高, 鑽之彌堅, 瞻之在前, 忽焉在後.]"(『論語』「子罕」)고 평가한다. 사실 세상의 근원적 이치를 깨닫고 인간과 자연을 하나로 여기며 모든 존재를 나처럼 아끼는 최고 경지는 넘보기 어렵지만 분명 존재한다.

셋째, 〈사서〉는 한국을 포함한 동아시아 사상문화의 진수를 담고 있어, 한국형 인간의 길을 모색하는 데 토대를 제공한다. 동아시아 문화는 개인을 전체의 일부분으로 생각하여 전체 맥락에 주의를 기울이고 관계성을 파악하는 데 익숙하다. 특히 관계중시의 문화는 한국인의 정서에 농후하게 배어 있다. 나누기를 잘 못하고, 따뜻한 정을 중시하며, 신바람이 나면 무한한 힘을 발휘하는 문화는 〈사서〉에서 말하는 나를 넘어 타자에게 진정 어린 관심을 갖는 살림의 마음과 유사하다. 건축으로 비유하면 좋은 집을 짓는 것을 넘어서서 주변 이웃, 심지어 뒷산의 나무와의 조화도 생각하는 마음이 바로 '천지를 살리는 마음'이다. 또한 이 마음에 기초하여 끊임없이 변화하는 인간의 길이 『중용』의 원리이다. 상관적 관계성에 기반한 일체론적인 사유문화는 자율성과 합리성에 기초한 서구 개인주의 문화의 한국적 수용에 보완의 기재가 될 수 있다.

4. 세상을 바라보는 또 하나의 창 '동양고전'

세계지도를 떠올려보자. 둥근 지구는 분명 시작도 없고 끝도 없고 중심도 없는데 지도에는 중심이 존재한다. 그리고 시작과 끝도 보인다. 있는 그대로의 '사실의 세계'는 둥근 지구처럼 중심이 존재하지 않는데, 오직 인간만이, 있어야만 하는 '가치의 세계'를 만들고 시작과 끝, 중심을 그리곤 한다.

어떤 지도는 중심이 대서양이면서 시작과 끝에 동아시아와 한국이 존재하지 않는다. 아마도 신대륙 발견 이후 지중해에서 대서양으로 세계 인식의 중심이 이동된 후 그려진 것임을 추론할 수 있다. 대부분 자신이 처한 상황이나 국가를 중심으로 있어야만 하는 당위의 세계, 가치의 세계를 그리기 때문이다.

반면 16세기 이후 동아시아로 진출한 선교사들이 동아시아의 선교목적을 실현하기 위해 그린 지도도 있다. 가치의 세계는 자신이 받아들인 것은 아닐지라도, 객관적으로 타자를 이해하기 위한 수단으로 선택한 것도 있고, 단순히 지적 호기심에서 시작한 인식도 있다.

하지만 대부분은 지금 바로 여기에서 우리에게 보다 의미 있는 가치지도가 무엇인지 절실하게 고민하며 지도를 그려 나간다. 현재 우리는 동아시아, 한국에 살고 있으면서도 가치지도의 중심을 서양에 두고 있다. 그 세계 인식이 우리에게 보다 의미 있을 수 있다는 동의에서 출발한 것이다.

'철부지'란 말이 있다. '철'은 계절을 뜻하는 순 우리말이고, '부지不知'는 알지 못한다는 뜻이다. 한 여름에 오리털 파카를 입고 있듯, 계절의 변화를 알지 못하고 자기 관념 속에 현재를 살고 있는 사람을 뜻한다. 새로운 변화를 감지하지 못하고 익숙해진 기존의 방식만을 고집하여 뒤처지는 사람을 비유한 말이다.

변화가 시작되는 은미한 조짐은 알아채기 매우 어렵다. 『주역周易』에서는 봄의 시작을 '복괘復卦'로 풀이한다. 세상이 차가운 기운으로 가득 찬 동짓날, 땅 속 깊은 곳에서 양의 기운이 자라나기 시작하는 그 시점이 봄의 시작이라고 본다. 얼음이 녹고 개나리가 피기 시작하는 '입춘立春'의 시기는 이미 변화가 상당히 진행되어 봄이 왔음을 쉽게 알 수 있다. 그러니 『주역』「계사전繫辭傳」에서는 '변화의 기미를 아는 자는 천지자연의 신묘불측한 이치를 아는 경지[知幾者, 其神乎]'라고 하였다.

반면, 쇼트트랙처럼 빠르게 진행되는 상황에서는 변화에 대응하지 못하곤 한다. 변화가 너무 빨라 잘못된 선택을 하는 것이다. 순간의 선택은 수정할 기회조차 주어지지 않으며, 그 선택이 승패를 가르는 중대한 갈림길이 된다. 경쟁이 치열한 경영 현장에서 변화에 적절히 대응하지 못하면 파산이라는 결과를 초래할 수도 있다. 코닥은 휴대용 카메라로 세계인의 일상을 바꾸었다. 그러나 세계 최초로 디지털 카메라를 개발했음에도 불구하고 급변하는 디지털화를 예측하지 못했다. 그 결과 130년간 누렸던 필름 명가의 명예를 내려놓고 말았다.

변화의 조짐을 알고 변화를 미리 대응하면, 시대를 새롭게 주도할 수 있다. 애플은 아이폰을 세상에 선보이기 이전, 핸드폰을 만들어 본 경험이 없었다. 노키아와 모토로라가 세계 핸드폰 시장을 석권하고 있었다. 그런데 아이폰 출시 이후, 스마트폰이 인류의 삶을 바꾸어 놓고 있다.

실제, 19세기 말과 20세기의 동아시아는 세기말의 변화 속에서 격변과 좌절의 역사 한복판에 서 있었다. 서구 열강에 의해 무력한 패배를 경험한 동아시아 지식인들은 고유의 사상과 문화를 스스로 내버리고 철저하게 자기 혁신을 단행했다. 이성·합리·자유·과학 등의 근대 가치는 삶의 의미와 행복을 가져다 줄 수 있는 대안이자 새로운 세상으로 나아가는 새 창이었다.

그런데 서구화로 질주하던 변혁의 시기, 백범 김구 선생은 "무릇 한 나라가 서서 한 민족이 국민생활을 하려면 반드시 기초가 되는 철학이 있어야 하는 것이다. …… 오늘날 우리의 현상으로 보면 더러는 로크의 철학을 믿으니 이들은 워싱턴을 서울로 옮기자는 자들이요, 또 더러는 마르크스-레닌-스탈린의 철학을 믿으니 이들은 모스크바를 우리의 서울로 삼자는 사람들이다. 워싱턴도 모스크바도 우리의 서울은 될 수 없는 것이요, 또 되어서는 안 되는 것이니, 만일 그렇게 주장하는 자가 있다면 그자는 예전에 도쿄를 우리 서울로 하자던 자와 다름이 없을 것이다. 우리는 우리의 철학을 찾고 세우고 주장하여야 한다. 이것을 깨닫는 날이 우리 동포가 진실로 독립정신을 가지는 날이요 참으로 독립하는 날이다."(김구, 『백범일지』)라고 하였다. 한 겨울 따뜻한 기운이라곤 전혀 느낄 수 없는 동지冬至, 은미한 양陽의 기운을 느끼듯, 백범은 선진적인 것의 한국화, 혹은 한국의 사유문화와 선진적인 것의 만남을 주장하였다.

21세기 4차 산업혁명 시기로 나아가는 지금, 마음과 몸, 자아와 타자, 인간과 자연, 종교와 인간, 과학기술과 윤리 문제 등의 제반 문제에 대한 다양한 해법이 요청을 받고 있다. 과거 서구 우월적 문화 논리의 '오리엔탈리즘'이 동양인의 의식 속에 재탄생하여, 자기부정과 폄하, 맹목적 서구 따라잡기의 풍조는 이제 사라진 지 오래다.

게다가 한두 달이면 끝날 줄 알았던 코로나19 사태는 벌써 해를 거듭하여 2년째 지속되고 있다. With Corona의 대혼란 상황에 우리는 살고 있다. 국가와 기업은 새로운 길을 찾기 위해 현실을 진단하고 미래 방향을 논의하고 있다. 익숙한 방식의 지속은 불가능함을 깨닫기 시작하였고, 익숙함과 새로운 길의 조화인지,

아예 새로운 길인지 논의되고 있다. 변화의 조짐을 인식하지 못하고 적응하지 못하면 도태된다. 코로나19 팬데믹이라는 격변의 상황은 쇼트트랙의 빠른 변화처럼 우리에게 'New Normal'의 새로운 표준을 강력하게 요구하고 있다. 이제 기존의 가치기준을 근본적으로 수정하여 'New normal'의 새로운 패러다임을 꿈꾸지 않으면 안 되는 시점에 와 있는 것이다.

수천 년간 동서양의 선현들은 나름대로 그 시간과 공간에 맞는 인간다움을 완성하는 방식에 대해 고민해 왔다. 산 정상을 오르는 길에 여러 갈래가 있듯, 어느 하나의 길이 유일하고 절대적이라는 편견은 위험하다. 어느 시점에서, 어느 공간에서, 어느 누군가에게는 어느 하나의 길이 의미 있을 수 있지만, 그것이 모든 시간과 모든 공간, 모든 사람에게 보편적으로 통용된다고 주장해서는 안 된다. 하나의 길이 지닌 특성을 명확히 이해하되, 다른 길의 특성에 대해서도 이해와 포용의 자세를 지녀야 한다. 다름이 존중되면서도 조화를 이루는 평화적 방식이어야 한다.

American Standard 청바지가 처음 들어왔을 때 우리 몸을 청바지에 맞추는 데 급급했었지만, 지금은 Asian Fit 규격을 새롭게 만들어서 청바지를 우리 몸에 맞추고 있다. 마찬가지로 전통한복도 처음에는 옛 모습 그대로를 고수하는 것이 정통이었는데, 지금은 생활에 편한 형태로 재구성하여 생활한복으로 거듭나고 있다. 서구의 사유문화는 한국의 상황에 맞게 적용되어야 우리에게 편안한 세계 인식으로 자리를 잡아갈 수 있고, 익숙했던 사유에 대한 검토 역시 현실에 맞게 재구성되어야 실질적인 가치를 지닐 수 있다.

그런 면에서 수천 년간 동아시아 사유의 마르지 않는 샘으로 자리해 왔던 동양고전 〈사서〉의 사유는 분명 현재를 살고 있는 우리에게 인간의 길을 제시하는 또 하나의 귀한 지혜를 제공할 수 있다. 동아시아, 특히 한국을 중심으로 그리는 가치지도는, 인간의 자율성을 긍정하고 살림의 마음을 시중時中의 기준에 따라 실천하여 세상을 따뜻하게 바라보는 또 하나의 세계 인식의 통찰로서 의미를 지닐 수 있다. 한국적 토양에서 배태된 '인간'의 개념을 정립하고 인간의 길을 찾기 위한 방법을 논하는 것은 자기문화중심에 사로잡힌 편협한 태도가 아니다. 20세기와 달리 21세기를 살고 있는 우리는 그간 소홀히 여겼던 자기 사상문화에 대한 공정한 이해 속에, 자기중심으로 사유하고 세상을 인식하며 다른 사상문화와 융합하여 새로운 창조를 이루는 사유실험의 요구에 부응할 필요가 있다.

1장

〈사서〉,
인간 본성을 말하다

1-1. 사람이란?

人人人人人人

사람 인人자 여섯 개가 있다. 무슨 의미일까? 당연히 정답은 없다. 한문은 어떻게 끊어 읽느냐에 따라 의미가 달라질 수 있기 때문이다. 전통적인 현토나 현대적인 문장부호를 추가하면 의미가 보다 명확해진다. 이렇게 표기하면 어떨까?

人人人? 人人人!

"세 사람인가? 세 사람이구나!" 이런 뜻일까? 그렇게 해석할 수도 있지만, "사람이 사람의 모습을 하고 있다고 사람인가? 사람이 사람다워야 사람이지!"라고 풀이할 수도 있을 것이다.

한국의 언어문화 속에 "어떻게 사람이 그럴 수 있지? 그러고도 사람이야? 그것이 사람이 할 짓이야?"라는 말이 있다. 서양에서는 생소한 표현일 수 있다. 인간의 모습을 하고 있더라도 인간다운 사고와 행위를 하지 않을 때, 우리는 그런 사람을 두고 사람이라고 얘기하지 않는다. 인간의 모습을 하고 있어야 사람이 아니라, 인간다운 사고와 행위를 했을 때 우리는 사람이라고 한다.

동양고전 〈사서〉는 사람을 사람답게 하는 근거가 인간이면 누구나 선험적으로 지니고 있는 본심本心에 있다고 말한다. 마치 살구나무가 살구 씨앗에서 자라나고, 복숭아나무가 복숭아 씨앗에서 자라나는 것과 같이, 본심의 토대 위에 인간은 저절로 도덕적 사고와 행위를 한다는 것이다. 맹자는 말한다.

> 사람이 배우지 않아도 할 수 있는 것은 양능이고, 생각하지 않아도 아는 것은 양지이다. 어린아이도 자신의 부모를 사랑할 줄 알고, 자라서는 자신의 형을 공경할 줄 안다.
> 人之所不學而能者, 其良能也. 所不慮而知者, 其良知也. 孩提之童, 無不知愛其親者; 及其長也, 無不知敬其兄也. -『孟子』「盡心(上)」

경험과 학습 이전부터 본래 가지고 있는 도덕적 앎과 도덕적 능력이 '양지'와 '양능'이다. 사람은 누구나 태어나는 순간 양지와 양능을 지니고 있어, 타자와의 조화로운 공존을 가능하게 하는 '선善' 혹은 '시是'와 같은 보편가치를 알고 행할 수 있다.

우리는 어리석은 사람을 '바보'라고 부른다. 바보는 밥을 남달리 많이 먹는 사람을 이르는 '밥보'에서 나왔다고 한다. 밥만 축내는 '식충食蟲이'와 같은 말로, 육체적 욕구만을 추구하는 사람을 일컫는다. '맛집 찾아 삼만 리'라는 말처럼, 요새 맛있는 음식을 먹기 위해 먼 지역을 마다않고 가는 사람이 많다. 먼 곳까지 찾아간 것이 아깝지 않을 만큼 맛있다면 더욱 감동일 것이다. 그런데 만일 식당에 들어가는 순간에 3일 넘게 굶은 어린아이 두 명이 애처롭게 앉아 있는 모습을 보았다면 어떨까? 음식이 여전히 맛있을까? 마찬가지로, 부자가 되는 것은 사람들 모두 바라는 것일 텐데, 만일 편법이나 불법을 저지르며 남의 이익을 갈취하여 얻은 재화財貨라면 여전히 좋을 수 있을까? 식욕[食]·색욕[色] 같은 육체적 욕구와 부유함[富]·귀함[貴] 같은 물질적 욕망은 사람이면 누구나 추구하는 것이지만, 타자와의 조화로운 공존을 해치는 것이라면 절제되어야 한다.

행복에 대한 하버드대학 성인발달연구의 인생연구는 주목할 만하다. 75년의 최장기간 동안 724명의 인생을 추적하여, 사는 동안 무엇이 우리를 건강하고 행복하게 만들까에 대한 물음에 집중했다. 대부분 부자가 되는 것, 유명해지는 것, 많은 성취를 이루는 것이라고 말할 테지만, 인생연구 보고서의 지금까지 결론은 우리를 건강하고 행복하게 만드는 것이 바로 '좋은 관계'라고 한다. 좋은 삶은 좋은 관계가 만든다는 것이다. 그것은 좋은 관계에 대한 세 가지 교훈을 말해주고 있다.

첫째, 사회적 연결은 유익하되 고독은 해롭다.
둘째, 친구가 얼마나 많은가가 아니라 관계의 질이 무엇보다 중요하다.

셋째, 좋은 관계는 우리의 몸뿐만 아니라 뇌도 보호해 준다.

가족, 친구, 공동체에서 좋은 관계에 힘을 쏟은 사람이 더 오래 살고 더 행복하기에, 타인과의 조화로운 관계를 이루는 것은 좋은 삶의 토대가 된다. 인간에게 지속적인 즐거움과 행복을 주는 '타자와의 조화로운 관계' 형성의 기준은 바로 '좋음의 선善'과 '옳음의 시是'와 같은 보편가치의 실현 여부에 있다. 안전하고 건전한 사회는 누구나 공감 가능한 상식적인 사고와 행위를 했을 때 가능한데, 상식적인 행위는 선과 시의 가치를 추구하는 노력에서 담보되는 것이다. 악惡과 비非는 인간답지 못한 사람이 추구하는 가치이고, 선善과 시是는 인간다움을 지향하는 사람이 추구해야 하는 궁극적인 가치이다.

한자에서 사람의 몸을 형상[身]하는 '신身'자를 한글에서는 '몸'이라 풀이한다. 몸은 모음의 준말로, '몸집'과 '마음'을 모아놓은 것이 사람이라는 의미이다. 집에 사람이 살지 않으면 '흉가凶家'가 된다. 가까이 가기만 해도 섬뜩하니 공포체험을 위해 가볼 수는 있지만 머물고 싶지는 않다. 사람 역시 '몸집'의 욕구만 쫓으면 주인 없는 흉가처럼 함께 하고 싶지 않을 것이다. 몸집의 욕구만을 쫓는 자는 바보이다. 본심이 몸을 주재主宰하여 타자와 조화로운 관계를 이루는 주체로 바로 섰을 때, 우리는 비로소 그를 '사람[人]'이라고 부른다. 본심대로 생각하고 행동하는 사람다운 사람이 사람인 것이다.

1-2. 다원적인 본성, 그럼에도 선한 본성

〈사서〉의 출발은 인간다움에 대한 강한 신뢰에서 시작한다. 특히 맹자는 인간의 본래 성향이 선하다고 규정한다.

> 사람의 본성이 선한 것은 물이 위에서 아래로 흐르는 것과 같다.
> 人性之善也, 猶水之就下也. —『孟子』「告子(上)」

사람이 태어나는 순간 선한 본성을 지닌다는 것은 물의 성질이 위에서 아래로 흐르는 것처럼 변치 않는 사실이라는 말이다. 물론 우리 주변에는 남의 고통에 무관심하거나 민감하지 않는 사람도 있고, 남에게 고통을 가하거나 그것을 즐기는 사람도 있다. 예외가 있다면 본성이 선하다는 명제는 성립될 수 없을 것이다. 맹자는 이것이 환경적인 영향으로 생겨난 잠시의 비정상적 현상이거나, 오래된 습관으로 굳어져 본래 마음을 망각한 결과라고 해석하였다. 물을 탁 쳐서 튀어 오르게 하면 물방울을 이마까지 오르게 할 수 있고, 양수기로 물을 퍼 올리면 산 위로도 물을 댈 수 있지만, 그것은 잠시의 형세 때문에 그런 것이지 물의 본래적 성질은 아니라는 것이다.

반면, 춘추전국시기에는 이미 인간의 본성에 대한 다원적인 관점을 지닌 학파들이 존재했었던 것 같다. 맹자의 제자 공도자公都子는 당시 '인성人性'에 대한 다양한 이론을 일목요연하게 정리한 바 있다.

첫째, 본성은 선善도 없고 불선不善도 없다는 '성무선악性無善惡'의 이론이다. 맹자와 인간의 본성을 두고 수차례 논쟁을 벌였던 고자告子의 관점이다. 고여 있는 물의 물꼬를 서쪽으로 트면 서쪽으로 흐르고 동쪽으로 트면 동쪽으로 흐르듯, 인간의 타고난 본성은 백지처럼 선과 불선의 구분이 본래 없고 후천적인 학습과 경험에 의해 달라질 수 있다는 학설이다.

둘째, 본성은 선이 될 수도 있고, 불선이 될 수 있다는 '성가이위선악性可以爲善惡'의 이론이다. 성인의 경지에 이른 임금이 나라를 지도하면 백성들이 선을 좋아하게 되고, 포악한 임금이 나라를 지도하면 백성들이 포악함을 좋아하게 되는 것처럼, 본성에는 선과 악이 혼재되어 있지만 환경에 따라 어느 한 쪽이 길러질 수 있다는 학설이다.

셋째, 본성은 선도 있고 악도 있다는 '성유선악性有善惡'의 이론이다. 성군으로 불리는 순임금처럼 본성이 선한 자도 있지만 그의 아버지 고수瞽瞍와 동생 상象처럼 본성 자체가 불선한 경우도 있듯이, 태어나면서 선한 본성을 지니는 자도 있고 악한 본성을 지니는 자도 있다는 학설이다.

넷째, 본성은 악하다는 '성악性惡'의 이론이다. 맹자에는 언급되지 않았지만 그와 60살이 넘게 차이 나던 순자荀子의 학설이다. 인간의 본성은 태어나면서부터 이익을 좋아하므로, 인위적인 노력을 통해 예의를 따르고 본성을 교정해야 비로소 선을 지향하는 인간다움을 완성할 수 있다는 것이다.

성선의 신념을 고수한 맹자에 의하면, 본성에 대한 이러한 다원적인 규정은 모두 잘못된 주장이다. 맹자는 혹세무민惑世誣民의 처사들이 제멋대로 횡행하는 전국시대를 지내면서 잘못된 학설이 세상을 호도하는 것을 목도하고는, 말싸움꾼 '호변好辯'이란 비판을 감내하며 잘못된 학설을 물리치는 데 힘을 기울였다.

등문공滕文公이 세자가 되어 송나라를 지나다 자신을 찾아오자, 맹자는 여전히 성선性善을 역설하고 말끝마다 요순임금의 사례로 실증하였다고 한다. '병에 좋은 약이 쓰다'는 말처럼, 성선의 이론을 현실에 적용하다 보면 처음에는 명현瞑眩 작용처럼 어질어질하여 적응하기 어려울 수 있지만, 성선의 관점을 믿고 그것을 실현하려 노력하는 것이 인간다움을 실현하는 유일한 길임을 강조한 것이다.

인간만이 있는 그대로의 사실 세계를, 있어야만 하는 가치 세계로 디자인한다. 지금 바로 여기에 '~ism'과 같은 가치를 실현하기 위해서는 현실을 명확하게 인식해야 한다. 이념은 현실을 의미 있게 만들기 위한 도구일 뿐이다. 현실을 배제한 채 이념을 확산하는 장으로 현실을 바라보면, 가치가 사람을 해치는 일도 발생할 수 있다.

맹자가 자신의 시간과 공간에서 성선설이 보다 의미 있을 수 있다고 주장했다고 해서 다원적인 관점이 전혀 무의미하다고 말한 것은 아닐 것이다. 각자 처한 상황에 대한 인식이 다를 뿐만 아니라, 각자의 시간과 공간의 상황 역시 다를 수 있다. 오늘날 맹자의 성선에 대한 확신을 읽으며 유의해야 할 것은, 맹자의 주장에 대한 심층적 의도는 모른 채 다른 관점을 무조건 비판하는 배타적인 태도이다. '다름'을 존중하고 인정하는 태도는 반드시 유념해야 한다.

1-3. 성선설의 증명 그리고 〈사서〉의 형이상학

인간의 본래적 성향을 지칭하는 '성性'은 개념어에 해당한다. 〈사서〉의 세계 인식이 동아시아 공통의 사유문화로 정착된 이후, 본성에 대한 논의는 지속되어 왔다. 본성이 마음에 내재되어 있는 형이상의 도덕 근원인지, 마음과 논리적으로조차 분리되지 않는 본심인지, 마음에 현현顯現하는 기호嗜好인 도덕성향인지, 다양한 해석이 존재한다.

그래서인지 맹자는 본성을 직접 규정하지 않는다. 외부 사물과 감응하는 순간 저절로 드러나는 자연스런 '감정[情]'을 통해 '性善'의 이론을 논증한다. 일상의 경험적 사례에서, 누구나 쉽게 느낄 수 있고 볼 수 있는 감정을 가지고 본성이 선함을 증명한 것이다.

> 지금 사람은 어린아이가 갑자기 우물로 빠지려 하는 것을 보면, 예외 없이 깜짝 놀라거나 측은해하는 마음을 가진다.
> 今人乍見孺子將入於井, 皆有怵惕惻隱之心. −『孟子』「公孫丑(上)」

어린아이가 우물에 빠지는 것처럼 남이 위험에 처한 것을 목격하면 대부분 깜짝 놀라거나 안타까워한다. 그것은 어린아이가 명문가 아이라서, 그 부모들과 교분을 맺기 위해서도 아니고, 어린아이를 구해 줘서, 마을사람이나 친구들에게 명예를 얻고자 해서도 아니며, 어떻게 보고만 있었냐는 비난의 소리를 싫어해서 그런 것도 아니다. 어떤 불순한 의도나 특정한 목적이 있어서가 아니라, 마음에 본래 개체를 넘어 타인의 아픔에 공감할 줄 아는 도덕 성향이 내재되어 있기 때문이다.

남을 나처럼 아끼는 공감의 마음은 인간을 넘어 천지자연까지 저절로 확대된다. 제선왕齊宣王과 마주한 맹자는 왕이 비록 당시까지 백성들에게 선정善政을 베풀지 못하였지만, 그간 취한 일련의 행동을 보면 여전히 성선의 실현인 왕도정치를 펼칠 수 있다고 말한다.

제선왕이 궁궐에 있을 때, 소가 벌벌 떨며 흔종釁鐘에 쓰이기 위해 끌려가는 모습을 보자, 왕은 죄 없이 사지死地로 끌려가는 모습을 차마 보지 못하겠다며 양羊으로 바꾸라고 명한다. '흔종'은 종을 주조한 후 짐승을 잡아 피를 바르는 국가의 중요한 예식이기에 없앨 수 없으므로, 직접 보지 않아 안타까운 마음이 덜 드는 양으로 대체하라고 말한 것이다. 맹자는 오직 큰 땅과 강한 힘이 필요한 패도정치를 위해 주력하다 백성들의 고통에 무관심했던 제선왕이라 할지라도, 미물인 소의 고통을 차마 눈뜨고 보지 못하는 '불인지심不忍之心'이 남아 있으므로, 그 마음을 동류인 백성에게 확대하면 왕도정치를 펼칠 수 있다고 보았다.

그래서 맹자는 말한다.

안타까워하고 아파하는 마음이 없으면 사람이 아니고, 부끄
러워하고 미워하는 마음이 없으면 사람이 아니며, 마다하고
양보하는 마음이 없으면 사람이 아니고, 옳고 그름을 가리는
마음이 없으면 사람이 아니다.
無惻隱之心, 非人也, 無羞惡之心, 非人也, 無辭讓之心, 非人
也, 無是非之心, 非人也. -『孟子』「公孫丑(上)」

사람이면 누구나 태어나는 순간 이미 측은·수오·사양·시비와
같은 타자와 조화로운 관계를 유지하는 보편가치 선善을 좋아하
고 불선을 싫어하는 '호선오악好善惡惡'의 선한 마음을 갖추고 있
다. 타자에게 차마 하지 못하는 '불인지심不忍之心'이 없으면 사람
이 아니다. 사람다운 사람이 되려면 잃어버린 마음을 찾고, 그 마
음이 시키는 대로 행동하도록 해야 한다.
한편 어떤 학자는 철학적 논증을 기반으로 하여 맹자의 성선설
이 이론적 차원과 무관하며 신빙성이 결여된 주장이라고 비판한
다. 도덕의 문제는 실천의 영역에서 성립되는 것이므로, 본성이
선하다는 주장은 형이상학적 토론의 영역이라기보다 행위와 실천
을 통해 입증되어야 하고, 인간다움도 도덕적 행동을 통해 비로소
성립됨을 인식해야 하는데, 맹자가 물의 비유로 인간의 본성이 선
함을 증명한 것은 유추와 유비에 의존한 논증으로 도덕적 가치에
대한 보편성을 확보하기 어렵고 정당성 역시 지니지 못한다는 것

이다.(김영건,『동양철학에 관한 분석적 비판』)

얼핏 보면 맹자의 성선설은 논박의 가능성이 열려 있고, 논거가 불충분한 미흡한 논증처럼 보인다. 하지만 우주와 인간에 대한 생각을 논리적으로 추론하고 분석하는 것이 철학이라 하더라도, 철학적 분석은 형이상적 존재를 부정하거나 성선설의 타당성을 경험적으로 비판하는 데 허비되어서는 안 될 것이다. 사실 맹자는 도덕 감정 배후에 도덕의 근거가 되는 형이상의 존재 하늘이 실재한다고 보았다.

마음을 다 하는 자는 본성을 알고, 본성을 알면 하늘을 알게 될 것이다.
盡其心者, 知其性也, 知其性則知天矣. -『孟子』「盡心(上)」

본성[性]이라는 매개를 통해 인간은 하늘[天]과 합일될 수 있다. 마음[心]을 닦아 본심을 회복하면 내면의 도덕 근거인 본성의 실재를 느낄 수 있고, 그로 인해 본성을 부여한 형이상의 하늘의 의미까지 알 수 있다는 것이다.

『중용』에서도 본성을 통한 하늘과 인간의 합일을 강조한다.

하늘이 명한 것을 성性이라 하고, 성을 따르는 것을 도道라고 한다.
天命之謂性, 率性之謂道. -『中庸』

인간은 누구나 태어나는 순간 하늘로부터 도덕 근거인 본성[性]을 부여받는다. 본성대로 사는 것이 인간이 마땅히 가야 할 길인 '도道'이다.

『논어』 역시 그 바른 길이 선험적으로 지니고 있는 것임을 말하였다.

하늘이 나에게 덕을 생겨나게 하였다.
天生德於予 ―『論語』「述而」

'덕德'은 간다는 '행行'자와 곧을 '직直'자, 그리고 마음 '심心'자가 결합된 것으로, 길을 갈 때 길 아닌 길을 가지 않고, 바른 길, 즉 본성을 따르는 길을 가야 한다는 것을 의미한다. 인간은 마땅히 성찰과 실천의 노력으로, 길 아닌 길이 아닌, 바른 길을 걸어 덕을 쌓아야 한다. 덕을 완성하기 위해 부단히 노력한 공자의 입장에서 보면 무력이나 권력 따위의 위협은 두려움의 대상이 아니다. 각자의 마음속에 내재된 하늘의 법칙대로 살지 못하는 것이 걱정스러울 뿐이다.

흥미롭게도, 한국의 선현 퇴계退溪는 하늘의 도와 인간의 삶이 하나로 연결되어 있다는 것을 설명하기 위해 「천명도설天命圖說」을 저술한다. 본래 추만秋巒 정지운鄭之雲이 그린 그림인데, 이를 보고 의문을 품은 퇴계는 토론을 거듭한 후 자신의 생각을 정리하여 1553년 「천명도설」을 출간하였다. 퇴계의 「천명도설」이 유포되면서 많은 학자들이 주목하였고, 이후 한국철학사의 최고 논쟁

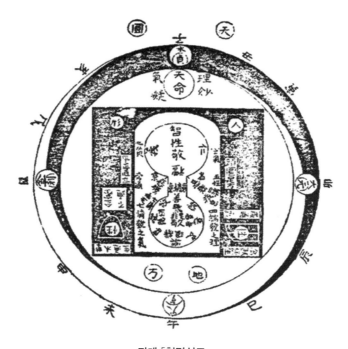

퇴계 「천명신도」

출처 : 한국사데이터베이스

가운데 하나인 사단칠정四端七情 논쟁이 시작되었다.

　퇴계에게 초월적 하늘은 크게 의미를 지니지 못한다. 하늘은 인간의 마음에서 합일되어 '천인무간天人無間'의 관계를 이루고 있다. 하늘은 인간의 마음을 통해 비로소 의미를 지니고, 인간은 하늘을 드러내는 존귀한 존재이다. 퇴계의 학문이 마음을 중심으로 전개된 것도 바로 도덕의 근거가 모든 사람의 마음에 선험적으로 갖추어져 있다는 신념 때문일 것이다.

1-4. 지금 바로 여기, 〈사서〉의 유토피아

가끔 비행기에 몸을 싣고 두터운 구름층을 헤쳐 하늘 높이 오를 때면, 눈앞에 백옥처럼 펼쳐진 흰 구름바다의 장관에 넋을 잃곤 한다. 그리고는 전래동화 속에 그려지던 천상의 나라가 혹시 저 구름이 끝나는 아득히 먼 곳에 있지 않을까 상상도 한다. 녹록치 않은 현실과 다른 그 세계는 몸을 던져도 언제든 포근히 받아 줄 수 있는 솜털처럼 폭신한 구름과 같이 평안하고 평화로운 곳이어야 한다는 믿음 때문일 것이다.

새로운 세상에 대한 열망을 우리는 '유토피아'라고 부른다. 인간의 지적 노력이 중시되던 르네상스시기, 토마스 모어는 자신이 처한 영국 사회의 사회적 모순을 경험하고, 『유토피아』라는 소설 형식을 통해 자유와 평등이 실현되는 행복한 사회에 대한 염원을 보여주었다. 보다 안락한 삶, 보다 살기 좋은 세상에 대한 꿈이 본질적이라서 그런지, 유토피아는 시공을 초월하여 많은 사람들의 공감을 불러일으켰다. 형식과 내용은 다르지만, 사람들은 제각기 자신만의 방식으로 세상을 변화시키는 근본적 전환을 설명하였다.

그런데 하늘과 인간이 마음을 통해 합일되어 있음을 전제하는 〈사서〉의 세계 인식은 유토피아의 새로운 모델을 제시한다. 본래 고대의 하늘은 인간세계 저 너머에서 인격을 지니고, 세상을 자신의 의지대로 관리하며, 인간의 길흉화복을 주재하는 절대적 존재였다. 하늘의 뜻을 정확히 파악하여 그 뜻대로 인간세계를 다스리는 것이 정치의 중요한 활동 가운데 하나였다. 그러니 하늘에 복을 구하는 기복신앙이 발전했을 수도 있는데, 공자는 병에 걸려 생명이 위급한 상황임에도 무당을 불러 제사 드리지 않았다. 각자 마음속에 내재되어 있는 본성이 곧 하늘이니, 본성을 주체적으로 자각하고 그것대로 살기 위해 노력하는 것이 무엇보다 중요했다고 여겼기 때문이다. 〈사서〉의 하늘은 말없는 하늘이다.

> 하늘이 무슨 말을 하더냐! 사시가 운행되고 만물이 자라나니, 하늘이 무슨 말을 하더냐!
> 天何言哉! 四時行焉, 百物生焉, 天何言哉! -『論語』「陽貨」

> 하늘은 말하지 않고, 행실과 사업으로 보여줄 뿐이다.
> 天不言, 以行與事示之而已矣. -『孟子』「萬章(上)」

〈사서〉에서 하늘이 초월적이냐 내재적이냐 하는 것은 결코 중요한 논의가 아니다. '하늘'이라는 명사도 중요하지 않다. 하늘은 말이 없고, 천지간에 생장하는 만물과 운행하는 사시의 자연법칙, 그리고 인간의 일상에서 펼쳐지는 행실과 사업의 도덕준칙에서 그 진면모가 끊임없이 드러나므로, 형용사화 되고 술부화 된 것이 〈사서〉의 '하늘[天]'인 것이다.

한국 선현들이 강조한 '천인무간天人無間'의 정신 역시 한국 철학사상의 특징을 집약적이고 상징적으로 함유하고 있다. 한국 사상문화의 원형을 담고 있는『삼국유사三國遺事』의「단군사화檀君史話」에 담긴 메타포는 세 가지로 분류할 수 있다.

첫째, 환웅의 강림降臨이다. 현실에서 도저히 엿볼 수 없었던, 하늘의 세계 '천시神市'는 환웅이 홍익인간弘益人間의 이상을 품고 인간세상으로 내려오면서, 아침에 해가 뜨는 고운 땅 '아사달阿斯達' 조선에서 비로소 이루어질 수 있었다. 환웅의 강림은 인간세계에서 자연스런 영명성이 감정을 통해 온전히 실현될 수 있다는 희망을 함축하고 있다.

둘째, 곰의 화인化人이다. 마늘과 쑥을 먹으며 37일 만에 인간의 몸으로 변한 웅녀는 모든 인간이 동굴에서 고통을 참고 견디며 수양할 수 있으면, 인위적인 합리성이 의지를 통해 완성될 수 있음을 말해준다.

셋째, 단군의 탄생이다. 환웅이 웅녀의 기도를 받아들여 잠시 인간의 몸으로 변화해 아들을 낳았다는 것은, 이제 모든 인간이 환웅과 같은 자연스런 감정의 영명성을 부여받았을 뿐만 아니라, 웅녀와 같은 인위적인 의지의 합리성을 계발할 수 있는 존재가 되었음을 상징한다.

한국 철학사상은 모든 인간이 학습과 경험을 거치지 않고도 자연스럽게 상하 수직적인 '천인무간天人無間'의 영명성을 감정을 통해 드러낼 수 있을 뿐만 아니라, 수양의 노력을 의식적으로 기울이면 본심을 회복하여 수평적인 '인물무간人物無間'의 확장을 이루어, 재세이화在世理化의 이상을 실현할 수 있다고 보고 있다.

〈사서〉와 한국 철학사상의 이상사회는 아득히 먼 저 하늘에 있는 것이 아니라, 지금 바로 여기 우리가 두 발 딛고 있는 현실에 있다고 본다. 그렇기에 그 꿈은 이미 과거에 실현되었고, 현실에 실현되어야 하며, 후대에도 지속되어야 한다.

도덕 감정을 통해 하늘과 하나 되는 인간주체에 대한 선언은, 인간이 소수의 권력자에게 독점되는 것이 아니라, 누구나 맘만 먹으면 주동적으로 내재된 본래 마음을 회복하여 천지자연이 조화롭게 어우러지는 세상을 이룩할 수 있는 가능성이 있음을 의미한다. 신분고하를 막론하고 누구나 마음속에 내재된 지극히 선한 본성을 실현하고자 한다면 지금 바로 여기에서 이상사회를 완성할 수 있다.

유토피아가 이루어지는 꿈을 상상하니 달콤하다. 지금 바로 여기에서 성스러움을 회복하여 모든 존재자가 귀하고 조화롭게 자리하는 세상을 완성하는 동양고전 〈사서〉와 한국철학이 그리는 유토피아는 우리 삶을 따듯하고 의미 있게 하는 사유가 될 수 있다.

2장

인간다움이란 :
조건 없는 '살림', 인仁

2-1. 인간다움의 필수 조건, 인仁과 의義

〈사서〉에서 규정하는 인간은 내면에 도덕의 근거인 본성을 지니고 있는 인간이다. 본성[性]이라는 매개를 통해 인간은 하늘[天]과 온전히 합일될 수 있는 존재다. 마음[心]을 닦아 본심을 회복하면 본성의 실재를 느낄 수 있고, 그로 인해 본성을 부여한 형이상의 하늘의 의미까지 알 수 있다. 다만 하늘과 본성, 그리고 마음의 존재형식과 인식구조에 대한 규정은 성선에 대한 신뢰를 기반으로 하는 〈사서〉가 동아시아 철학사상의 중심으로 부각된 이후 송명리학宋明理學과 한국유학韓國儒學에서 다양한 형태로 분석되어 왔다.

하늘이 만물을 주재하는 초월적 존재인지, 아니면 그저 형이상의 이치인지, 천리天理이지만 자체에 작용의 원리가 내재되어 있는 것인지, 또 본성은 마음에 내재되어 있는 형이상의 도덕 근거인지, 마음과 논리적으로도 분리되지 않는 본심인지, 마음에 현현하는 도덕성향인지, 또한 마음이 기氣인지 이기성정理氣性情을 통섭하고 주재하는 사려思慮기관인지 등에 대해, 주자朱子·양명陽

明·퇴계退溪·율곡栗谷·남당南塘·외암巍巖·하곡霞谷·다산茶山·수운水雲 등의 동아시아 철학사 속 여러 인물들이 다양한 분석을 내놓았다.

여기서 주목할 것은 역사 속에 전개된 인간다움에 대한 차이가 아니라, 모두 공감하고 있는 '같은 지점'에 있다. 하늘과 본성과 마음이 어떻게 규정되든, 인간의 도덕 감정과 도덕 행위는 인간다움의 모습을 확인할 수 있는 통로이기 때문이다.

『논어』에서는 인간다움의 모습을 다양한 사례로 설명한다.

말을 참는 것이다.
其言也訒 -『論語』「顔淵」

집 밖을 나서면 모든 사람을 큰 손님 맞이하듯이 대하라.
出門如見大賓 -『論語』「顔淵」

먼저 힘든 일을 하고 그런 뒤에 얻을 것을 생각하라.
先難而後獲 -『論語』「雍也」

『맹자』에서는 사람이면 누구나 학습과 경험을 거치지 않고도 어버이 사랑할 줄 알고 연장자 공경할 줄 안다고 말한다. 인간다움의 모습은 구체적인 사고와 행위를 통해 드러난다. 추상적이거나 난해하지 않다. 다만, 경험사례는 특정한 시간과 공간에 현현된 모습이라 인간다운 모습 모두를 포괄하지 못한다. 〈사서〉에 열거된 인간다움의 사례를 모두 분석하여 특징을 정리하면 인간다움에 대해 정의할 수 있겠지만, 역시 제한적인 사례들과 불분명한 맥락으로 이해하기 쉽지 않다.

그래서 개념어가 필요하다. 개념어는 추상적이지만 개별 사례들의 특성을 모두 포괄할 수 있는 용어다. 실제 공자는 자신의 말을 알아들을 수 있는 제자 증자와 안연, 자공 등에게만 개념어를 사용하여 인간다움의 핵심사상을 전하였다.

공자께서 말씀하셨다. "증삼아! 나의 도는 하나로써 꿰뚫었다." 증자가 말하였다. "예." 공자께서 나가시자, 문인들이 물었다. "무엇을 말씀하신 것입니까?" 증자가 말하였다. "선생님의 도는 충과 서일 뿐이다."
子曰 "參乎, 吾道一以貫之." 曾子曰 "唯." 子出, 門人問曰 "何謂也?" 曾子曰 "夫子之道, 忠恕而已矣." −『論語』「里仁」

안연이 仁에 대해 묻자 공자께서 말씀하였다. "자기의 사욕을 이겨 예를 회복하는 것이 인이다."
顔淵問仁, 子曰 "克己復禮爲仁." −『論語』「顔淵」

반면, 맹자는 부모님 사랑하는 것을 인仁으로, 형 공경하는 것을 의義로 세분하고, 도덕행위가 인과 의와 연관된 것임을 역설하였다. 인은 사람들이 머무르는 편안한 집과 같고, 의는 사람들이 다니는 바른 길이다. 〈사서〉에서 말하는 인간다움을 회복하고 실현하기 위해서는 반드시 인과 의의 개념을 이해해야 하는 것이다.

2-2. 조건 없는 사랑, 그것이 인仁

『논어』를 보면, 제자가 인仁에 대해 묻자 공자가 답변한 구절이 나온다.

> 사람을 사랑하는 것이다.
> 愛人. ─『論語』「顔淵」

사람을 사랑한다는 것은 무슨 뜻일까? '사랑'을 꺼내는 순간 남녀 간의 사랑을 자연스럽게 떠올리게 된다. 조선후기 학자 이옥李鈺은

> 무릇 천지만물을 살피는 데는 사람을 보는 것보다 중대한 것이 없고, 사람을 보는 데에는 情보다 묘한 것이 없으며, 정을 살피는 데는 남녀 간의 정을 살피는 것보다 진실한 것이 없다.
> 夫天地萬物之觀, 莫大乎觀於人. 人之觀, 莫妙乎觀於情, 情之

觀, 莫眞乎觀乎男女之情. -『俚諺』

　고 하였다. 외부사물과 만났을 때 즉각적인 반응의 결과가 정이 기에 정을 통해 인간에 대해 이해할 수 있고, 사람의 감정 가운데 남녀 간에 싹트는 사랑은 보다 직관적이고 솔직하여 정의 본질을 이해하는 데 도움이 될 수 있다.

　문제는 진정한 사랑을 경험하지 못해서인지, 사랑을 하면서도 사랑이 무엇인지 알다가도 모르는 경우가 많다. 청년들의 사랑을 두고, 흔히 처음에는 몸만 바라보는 사랑으로 시작해서 나중에는 나만 바라보는 사랑으로 끝이 난다고 한다. 감정적 끌림으로 만났지만 그 끌림은 겉모습이고, 만남 이후에는 자기만 알기에 상대를 존중하지 않고 일방적으로 강요하는 사랑으로 변질된다는 것이다. 물론 이런 사랑 말고도 Give and Take의 '상호 호혜적 사랑'도 있다. 서로 주고 받는 조건이 전제된 사랑이다. 준만큼 돌려받지 못하는 일방적인 사랑은 현실에서 실현 가능성이 희박하다.

　제자 중궁이 인仁에 대해 묻자, 공자는 답한다.

　자기가 바라지 않는 것을 남에게 베풀지 말아야 한다.
　己所不欲, 勿施於人. -『論語』「顔淵」

　혹자는 이 구절을 이타심의 발현이 아니라, 이해타산적인 마음을 가진 둘 이상의 개인들이 서로 공정하게 이익을 분배하고 서로의 권익을 침해하지 않도록 보장해주는 '호혜성의 원칙

[resiprosity]'으로 풀이한다. 개인주의에 기초한 현대사회에서 내가 상대방을 배려하는 행위는 진정으로 '남'의 입장을 고려해서가 아니라, 주어야 돌려받을 수 있거나, 나의 심리적 평안함을 위해, 혹은 내가 피해를 받지 않기 위해 남에게 피해를 주지 않는, 철저히 '나'를 위해 미리 계산된 행위에 지나지 않는다는 것이다.

뿐만 아니라, '기소불욕己所不欲, 물시어인勿施於人'은 얼핏 보면 논리적이고 이론적인 문제점을 갖고 있는 것처럼 보인다. 첫째, 자기가 하고 싶은 것이 반드시 남이 하고 싶은 것이 아닐 수도 있어, '가치 충돌의 문제'가 있을 수 있다. 둘째, 자기가 하기 싫은 것을 남에게 강요하지 말라는 것은 자기 행동을 검속하는 것으로 끝나, 최소윤리에 해당하는 '소극적 사랑의 문제'가 있을 수 있다. 최소윤리는 자기 행동만을 검속하고 타인의 부정당한 행위에는 무관심하여 사회 혼란을 방관할 수 있고, 또 모두 힘든 일을 싫어할 경우 힘든 일을 방치하게 되어 사회 유지가 어렵게 될 수도 있다.

사실 이러한 문제제기는 〈사서〉에서 말하는 인仁의 의미를 잘못 인식한 데서 비롯한 것이다. 먼저 '기소불욕己所不欲'의 의미를 살펴보면, '바라지 않는다[不欲]'는 것은 마약 투약과 같이 옳지 못한 행동을 하고 싶은데 남이 하지 못하게 제재하는 것을 원치 않으므로, 남이 그러한 행위를 하더라도 개입하지 않고 방치하는 것을 의미하지 않는다. '불욕不欲'은 『대학』의 '여오악취如惡惡臭, 여호호색如好好色'과 같이 잘못된 것을 싫어하고 옳은 것을 좋아하는 진정성 있는 참된 마음이며, '역지사지易地思之' 했을 때 다른 사람도 동의 가능한 공감의 감정이다. 그러므로 내가 바라지 않는 것은 '불언不善'을, 바라는 것은 '선善'을 지칭한다. 따라서 '자기'가 바라지 않는 것은 가치 충돌의 문제를 야기하지 않는다. 만일 바라는 욕구가 충돌되더라도 모두 본성에서 비롯된 선한 마음이니, 입장 바꿔 생각하면 충분히 서로 이해할 수 있다.

물론 충돌은 일어날 수 있다. 내가 바라는 것이 선이고 상대방이 바라는 것이 불선이거나, 내가 바라는 것이 불선이고 상대방이 바라는 것이 선일 경우, 욕구가 다르니 충돌될 수 있다. 그러나 이런 경우는 선한 마음을 지닌 사람이 불선한 마음을 지닌 사람을 바로 잡아주어야 한다. 만일 나와 상대방 모두 본심을 잃어버렸다면, 충돌은 일어나지 않을 수도 있다. 그러니 둘의 욕구가 선을 담보할 수 있도록 수양과 교화의 과정이 필요하다.

두 번째 문제점으로 제기된 것은 '물시어인勿施於人'의 소극적 사랑에 대한 지적이다. 사실 이런 관점은 오리엔탈리즘의 시각이 팽배했던 과거, 성경만이 유일한 황금률[Golden Rule]이라는 편협한 사고에서 비롯되었다. 하느님의 사랑이 부재한 자연종교의 언어는 세계 보편윤리가 될 수 없고, 그것은 그저 황금률에 못 미치는 실버율[Silver Rule]에나 해당한다는 편견이다.

남에게 대접을 받고자 하는 대로 너희도 남을 대접하라
 −「누가복음」 6장 31절
Do to others as you would have them do to you.

그러므로 무엇이든지 남에게 대접을 받고자 하는 대로 너희

도 남을 대접하라 이것이 율법이요 선지자니라. ―「마태복음」7장 12절

So in everything do to others what you would have them do to you, for this sums up the Law and the Prophets.

'기소불욕'의 불욕은 '불선'을 바라지 않는 것이므로, '물시어인'은 남에게 불선을 요구하지 않는다는 적극적인 의미 역시 내포하고 있다. 만일 '기소불욕, 물시어인己所不欲, 勿施於人'에서 부정사 '불不'과 '물勿'을 제거하고 긍정문 형식으로 전환하여 '기소욕, 시어인己所欲, 施於人'이 되더라도, 내가 바라는 것은 선이지 불선이 아니다. 그러므로 부정형과 긍정형은 사실 불선을 강요하지 않고 선을 요구하는 '적극적 사랑의 실천'이라는 황금률과 동일한 의미를 담고 있다.

공자는

사랑한다면 수고스럽게 하지 않겠는가?
愛之, 能勿勞乎! ―『論語』「憲問」

라고 하여, 사랑하기에 남이 잘못되는 모습을 그냥 볼 수 없다고 말한다. 적극적으로 남의 잘못을 선한 방향으로 이끌어야 사랑이라 말할 수 있다는 것이다. 처음에는 상대방이 동의할 수 없더라도, 결국 상대방도 동일한 본심을 갖고 있으므로 당연하게

받아들일 것이다.

또 공자는

> 인한 자는 자기가 서고자 하면 남을 서게 하며, 자기가 통달
> 하고자 하면 남을 통달하게 한다.
> 夫仁者, 己欲立而立人, 己欲達而達人 –『論語』「雍也」

라고 하였다. 내가 잘되고 싶으면 남도 함께 잘되도록 도와주어
적극적으로 사랑을 실천해야 인간다운 것이다. 사랑하기 때문에
적극적으로 남을 돕는 것이다.

물론 우리는 역사를 통해 '적극적인 사랑'이란 명분으로 다름을
인정하지 않고 자신의 방식으로 타자를 억압했던 경험을 해 온 바
있다. 이것은 사랑이 아니라 폭력이다. 적극적 사랑은 조건 없는
다름을 인정하는 참된 사랑을 전제한다.

공자는 말한다.

> 부모는 오직 자식이 병들까 근심하신다.
> 父母, 唯其疾之憂. –『論語』「爲政」

맹자도 '부모님을 사랑하는 것[愛親]'이 인이라고 말한다. '사랑'
은, 존재하니까 저절로 드러나는 감정에서 시작한다. 정상적인 부
모라면 강제하지 않아도 자식을 자기 몸처럼 아끼고 사랑한다. 자
식의 몸이 이미 탯줄에서 분리된 독립된 존재임에도 늘 다칠까 염

려한다. 자식이 부모를 사랑하는 것도 단순히 보은報恩을 위한 사랑으로 착각할 수 있지만, 본질은 존재하니까 사랑하는 것이다. 부모와 자녀가 서로를 자아의 일부로 의식하며 의지하는 것은 '마땅히 그렇게 해야 한다'는 의식의 힘을 빌릴 필요도 없이 저절로 그렇게 행동하는 것이다. 〈사서〉에서 인간다움으로 규정한 '인'은 선험적으로 갖추어진 본심에 의해 나를 넘어 타자를 나처럼 진심으로 아끼는 조건 없는 사랑이다.

1993년 미국에서 개최된 세계종교포럼에서 선포한 '세계윤리를 향한 선언[Declaration Toward a Global Ethic]' 가운데서 각기 다른 종교의 교리를 뛰어넘는 교리로 '황금률[Golden Rule]'이 채택되었다.

수천 년 동안 인류의 많은 종교적, 윤리적 전통 가운데 지속된 원칙이 있습니다. 스스로 하고 싶지 않은 일을 다른 사람에게 시키지 말 것. 긍정적인 표현으로는, 스스로 하고 싶은 일을 다른 사람에게 하게 할 것. 이는 모든 삶의 영역과 가족 및 공동체, 인종, 국가, 종교에 대한 무조건적인 규범이 되어야 합니다.

There is a principle which is found and has persisted in many religious and ethical traditions of humankind for thousands of years: What you do not wish done to yourself, do not do to others. Or in positive terms: What you wish done to yourself, do to others! This should be the irrevocable, unconditional norm for all areas of life, for families and communities, for races, nations, and religions.

동서양을 막론하고 수천 년 동안 모든 종교와 윤리적 전통에서 지속되어 온 조건 없는 사랑의 규정은 각기 다른 방식으로 사랑을 실현하는 가치체계로 인정가능하다.

2-3. 한국 문화 속의 '살림'

『주역』에서는 말한다.

> 천지의 대덕을 '생'이라 한다.
> 天地之大德曰 "生."

〈사서〉와 동양고전에서는 천지자연의 모습을 두고, 약육강식의 논리가 지배하는 투쟁의 장이 아니라, 서로를 조건 없이 살리고 살리는 '살림'이 본질이라고 말한다. 숲에 들어가면 온갖 동물과 바위와 풀과 나무가 조화를 이루고 있는 것처럼 말이다. 흥미롭게도 스페인 최고 건축으로 꼽는 가우디 성당을 들어가 보면, 이상으로 여기는 '천국'의 모습이 어쩜 숲과 같다고 생각해서인지, 내부의 모습이 마치 숲과 같다. 기둥과 천장이 나무의 모양을 하고 있다. 천지자연과 지극한 조화를 이루고 있는 병산서원의 모습도 그러하다. 한옥의 멋은 정형화된 기둥과 지붕을 짜 맞추는 데 있지 않고, 자연 그대로의 모습을 온전히 살려내며 조화를 이루는

데 있다. 앉아 있으면 자연의 모습과 절로 닮아가는 느낌을 받게 된다.

인간의 모습도 동일하다. 남이 존재하기에 조건 없는 사랑을 하는 것이 인간의 본질이다. 한국의 문화 속에는 이러한 가치가 반영된 문화가 많다. "어머니 살림 잘하시냐?"는 물음에 대부분 어머니가 집안에서 하는 요리, 설거지, 빨래, 청소 등을 두고 하는 말로 착각한다. 하지만 '살림 잘하시냐'에는 집안 사람들에게 조건 없이 사랑을 펼치는 고귀한 삶을 살고 계시는 분이 어머니라는 전제가 깔려 있다. '살림'의 마음은 차갑지 않다. 따뜻하고 때로는 뜨겁다.

군대 다녀 온 사람이라면 한 번쯤 남이 보지 않는 곳에서 몰래 초코파이를 먹어본 경험이 있을 것이다. 그런데 이는 광고의 효과일 수 있다. 초코파이 광고는 제품의 품질과 성분에 대한 정보를 제공하는 것이 주가 아니라, '정情'의 이미지를 전하는 것에 목적을 둔다. 초코파이는 이미 한국을 넘어 세계의 과자가 되었다. 흥미로운 것은 유독 한국에서만 '정'을 쓰고 있다는 것이다. 중국에서는 '인仁'이라 쓰여 있다. 인간의 즉각적인 반응에 해당하는 '정'을 따뜻한 사랑을 담고 있는 개념으로 받아들이는 것은 다른 문화 입장에서 쉽지 않을 수 있기 때문이다. 끊임없이 사적인 욕망과 잘못된 착각을 직관적으로 드러내고 있는 것이 인간인데, 감정을 신뢰하면 조화로운 사회유지는 어려울 수도 있다. 그러니 감정에 치우치지 말고 객관적으로 사고하는 훈련이 필요하다고 입을 모은다.

그래도 정을 쓰고 싶다면, 한정어가 필요할 것이다. '선정善情'과 같은 개념어를 쓰는 것이 안전하다. '인'과 같은 개념어는 추상적이지만 틀릴 가능성은 없다. 하지만 개념어는 동일한 인식이 전제되어 있어야 공유될 수 있기 때문에 사람들의 공감을 불러일으키는 데 많은 시간을 요구한다.

다른 예를 들어보자. 소주잔은 소주회사에서 만들었다. 소주잔에 술을 따르면 몇 잔이 나올까? 술을 좋아하는 애주가라면 쉽게 답할 수 있다. 적당히 따랐을 때 7잔이 나온다. 7이란 숫자는 오묘하다. 둘이 마셔도 마지막엔 한 잔이 부족하고, 셋이 마셔도 한 잔이 부족하며, 넷이 마셔도 한 잔이 부족하다. 한국의 나눔의 정을 마케팅에 이용한 것이다. 소주잔은 개인주의 문화가 강조되는 서구사회로 가면 아예 커지거나 작게 제작되어야 한다. 혼자 따라 먹는 것이 익숙한 문화에서는 작을수록 좋다. 아니면 마시다가 Keeping 하면 된다. 한국에서 소주를 혼자 마시다가 "사장님, Keeping해 주세요!"라고 말하면, 아마 주인은 술값을 받지 않을 수도 있다. 무슨 큰 일이 있나 걱정되고 안쓰러워 위로하기 위해서 말이다.

요즘 '혼술'이 유행하는 시대이니, 어쩜 가능할 수도 있겠다. 그럼 함께 구워 먹는 삼겹살을 식당에 가서 1인분만 시켜 혼자 구워 먹는 것은 어떨까? 한국 문화에서는 쉽지 않은 결단이 필요해 보인다. 우리에겐 마지막 남은 한 점을 서로 먹으라고 권하는 장면이 익숙하다. 고기를 굽고 먹으면서도 정을 나누는 것이 한국인의 삶 속에서는 자연스럽다.

인이 언제부터 인간다움을 규정하는 핵심 개념으로 등장했는지에 대해서는 다양한 추론이 존재한다. 고대 동이족을 지칭하는 '이夷'는 갑골문과 금문에서 '인人'과 통용되고, 인人은 다시 '인仁'과 혼용되어 사용된다. 류승국 교수는 이를 근거로, 공자가 인간다움의 개념으로 사용한 '인仁'이 동이족의 삶을 상징한다고 풀이하였다.

프랑스 모델 파비앙은 말한다.

> 정을 나누며 살아가는 점이 가장 인상적이었어요. 온 지 4년
> 쟨데 거의 매일 느끼고 있죠. 연습할 때 선배들이 물 사다주
> 고, 밥 같이 해 먹고 하는 게 일상이에요. 외국에선 그런 경험
> 이 없거든요. 매일 저녁 단체 카카오톡으로 '김치 가져 갈게
> 요', '밥 가져 갈게요' 하고 정해서 다음날 다 같이 먹어요. 프
> 랑스는 자기 먹을 샌드위치만 가져오거든요.

한국에 와서 천국을 느꼈다는 그는 한국의 공동체 문화를 최고의 장점으로 꼽았다. 정을 나누며 살아가는 점이 가장 인상적이라, 한국인보다 한국을 더 사랑하는 외국인이 되었다고 말한다. 이처럼 타인을 조건 없이 사랑하는 살림의 마음이 온전히 드러나는 '정情'은 인간이 서로 편안하고 따뜻하게 살아 갈 수 있는 근거가 될 수 있다.

3장

인간다움이란 :
크게 하나 되는 '일체', 인仁

3-1. 우리가 남이가, 일체一體로의 인仁

본성에 대해 논쟁을 벌였던 고자告子가 식욕食欲과 색욕色欲 같은 욕망을 인이라 규정하자, 맹자는 육체적 욕망이나 물질적 욕구가 인이 아니라, 조건 없이 부모님을 배려하고 사랑하는 것이 인이라고 강조한다.

> 인의 실체는 어버이를 섬기는 것이다.
> 仁之實, 事親是也. −『孟子』「離婁(上)」

학습과 경험을 거치지 않고도 사람은 모두 자기 부모를 사랑할 줄 아는 양지良知를 지니고 태어났다. 인간다움은 부모님을 섬기는 행위에서 확인된다. 본래 한 몸인 것처럼, 부모님을 조건 없이 사랑하는 것은 인의 본질이다. 나아가 맹자는 진정성 있는 사랑의 범위가 가족을 넘어 사회적 존재까지 확대된다고 말한다.

> 안타까워하고 아파하는 마음이 인이다.

惻隱之心, 仁也. -『孟子』「告子(上)」

어린아이가 우물에 빠지려 할 때 곁에 있는 사람은 모두 안타까워하거나 아파하는 '측은지심惻隱之心'을 직관적으로 드러낸다. 어떤 목적이 있어서가 아니라 마음의 본래 상태가 그렇기 때문이다. 인간의 본심은 자신의 가족을 넘어 사회적 존재까지도 나와 구분하지 않고 아끼고 사랑한다. 육체만 보면 서로 연관성이 없는 독립적 개체이고 아껴줘야 할 당위성도 없는 것처럼 보이지만, 인간다움의 근거인 인의 발현은 남의 아픔을 나의 아픔처럼 공감한다. '측은지심'에는 나와 남의 구분이 없다. 내가 너이고, 네가 나이다. 그러므로 임산부가 탯줄로 연결된 뱃속의 태아를 늘 주목하듯, 본심을 간직하고 있는 사람은 타인의 위험한 상황을 보면 즉각적으로 깜짝 놀라고 안타까워하는 것이다.

『설문해자說文解字』에서는 인仁을 사람 인人과 두 이二자가 합쳐진 것으로 '친함[親]'을 의미한다고 풀이한다. 나와 남이 비록 육체적으로 독립된 개체이지만, 조건 없는 사랑의 이타심에는 '나'라는 주체에 이미 '남'이라는 객체가 포함되어 있다. 맹자에게 '나'는 육체만을 지칭하는 소체小體가 아니라, 측은지심을 드러내고 있는 '나'이며, 그 '나'에는 이미 '타인'과 하나 되어 있는 '일체一體'로의 '나'이다.

인간다움의 본질이 나와 남을 구분하지 않는 일체적 관계에 있다는 것은 동아시아의 문화의 특성을 형성하게 하였고, 이는 한국 언어문화에 선명하게 남아 있다. 한국에서는 연애하는 상대방을

'자기야!'라고 부른다. 다른 나라에서는 'I'와 'You', '我'와 '你'가 명확하게 구분되지만, 나를 지칭하는 호칭인 '자기自己'는 나와 너의 구분이 없다. 사랑하기에 상대방과 나는 떨어질 수 없는 하나라고 인식하고 있는 것이다.

다른 사례를 살펴보자. 다음 말을 한국어로 번역하면 어떻게 될까?

영어 : My wife would like to invite you to dinner tonight.
중국어 : 我爱人想邀请你参加今天的晚餐。

인터넷 AI 번역기에 돌려보면, 아마도 "제 아내가", 혹은 "나의 아내가 오늘 저녁식사에 당신을 초대하고 싶어 합니다."라고 번역할 것이다. 한국에 온 지 얼마 되지 않은 외국인 학생에게 물어보아도, 유사하게 답변할 것이다. 그런데 한국의 언어문화에 비추어 보면 이런 번역은 조금 어색하다. 한국인이라면 '제 아내', '나의 아내' 보다 '우리 아내'라고 말한다. '우리'라는 인칭대명사는 나와 너가 포함된 개념이다. 의미대로 해석하면, 나의 아내는 당신의 아내이기도 하다는 것이다.

리처드 니스벳[Richard E. Nisbett]은 『생각의 지도[The Geography of Thought]』에서 동아시아 문화가 상호의존성[Interdependence]의 특성이 강하여 일인칭 복수 단어들[we, our, us, ours]이 발달되고, 자기[self]를 전체의 일부분으로 생각하여 전체 맥락에 주의를 기울이고, 관계성을 파악하는 데 익숙하다고 진단한다. 한국 사람들이 아내를 공유해도 된다고 생각하기 때문에 일인칭 복수 단어들이 생겨난 것은 아니다. 동아시아 〈사서〉, 특히 한국 철학사상에서 '나'는 개인적 '자아自我'임과 동시에 사회와 연결된 공동체적 '대아大我'로 인식한다. 인간다움의 본질이 '측은지심惻隱之心'이라고 규정한 세계 인식은 공동체적 자아를 뜻하는 언어문화와 생활문화를 형성해왔다.

한국에서는 "우리가 남이가"라는 말이 통용된다. 나와 너는 본래 상관적 연관 속에 있을 뿐만 아니라, 이미 구분조차 안 되는 일체적 존재가 본질이라는 것이다.

3-2. 천지만물은 하나다, 대체大體로의 인仁

〈사서〉는 사회로부터 분리된 원자화된 개인의 절대적 자유나 자율성이 허구에 불과하다고 인식한다. 나와 네가 일체의 관계에 있으므로 서로 조화로운 공존을 이루는 것이 이상理想이다. 개인의 희생도 공동체의 파괴도 아닌, 각자의 개성이 존중되며 개인과 공동체가 상황에 맞게 공존하는 '화이부동和而不同'이 그 조화의 이상인 것이다.

그런데 『논어』를 보면,

> 마구간에 불이 나자, 공자는 "사람이 다쳤는가?"라고 묻고, 말에 대해 묻지 않았다.
> 廐焚, 子退朝曰 "傷人乎?" 不問馬. -『論語』「鄕黨」

는 구절이 나온다. 문자만을 보면 공존의 관심 범위가 그저 인간에게 한정되어 있는 듯해 보인다. 현대사회는 이미 서구 근대 이후 시작된 기계론적 사유와 인간중심주의의 폐단을 절감하고,

생태주의나 지속가능한 개발 등의 인식전환을 통해 환경보호의 당위성을 강조하고 있다. 자연에 대해 무관심한 태도를 보이는 듯한 〈사서〉의 관점은 오히려 시대의 흐름에 역행하고 인간중심주의를 공고히 하는 구시대적 사유체계로 여겨질 수 있다. 그래서 혹자는 끊어 읽기를 달리해 보기도 한다.

> 마구간에 불이 나자, 공자는 "사람이 다쳤는가 아닌가?"라고 묻고, 말에 대해 물었다.
> 廐焚, 子退朝曰 "傷人乎不?" 問馬.

사람이 다쳤는지를 묻고 이어 말에 대해 물었다고 하니, 사랑의 실현을 강조하는 공자의 본의를 여전히 헤치지 않는 구절로 해석된다. 그러나 해석이 어색하고 궁색한 변명처럼 보인다. 『논어』뿐만 아니라, 춘추전국시기 문헌에서 '불不'자가 반어문에서 사용된 경우가 드물기 때문이다.

분명한 것은 공자에게 있어 인의 궁극적 이상은 나와 공동체뿐만 아니라 인간과 자연의 조화로운 관계 완성에 있다. 당시 말이 지닌 가치는 지금의 호화로운 집과 유사하다. 불이 났음에도 막대한 물질적 손해에 먼저 관심 둔 것이 아니라, 생명의 안전에 주목한 것이라 풀이할 수도 있다. 또한 감정적으로 가까운 곳에서 먼 곳으로의 선후관계를 분명히 하고, 가족에서부터 사회로, 그리고 사회에서 천지자연으로 점차 그 범위를 확대하여 차등적인 사랑을 실천해야 하기에, 우선적으로 사람에 관심을 둔 것이지 말에 관심이 없었던 것은 아니라고 볼 수도 있다.

실제 공자는

> 낚시질은 하되 그물질은 하지 않았으며, 주살질은 하되 잠자
> 는 새를 쏘아 잡지는 않았다.
> 釣而不綱, 弋不射宿 －『論語』「鄕黨」

고 한다. 인간과 인간뿐만 아니라 천지만물 역시 서로 연결된 일체의 관계로 인식한 공자는, 인간과 자연이 서로 영향을 주고받아야 하기에 자연의 도움을 받는 것은 불가피하지만, 자연을 인간 마음대로 개발하고 유린하는 것이 아니라 '인'에 의거하여 생명의 중요성을 실천하며 살아가기를 권고한 것이다.

인의 실현 범위는 인간에 국한된 것이 아니라 천지만물에까지 확대된다. 맹자는 제선왕을 만나 어진 정치[仁政]에 대해 역설하면서, 제선왕이 비록 지금은 백성들의 고통에 무관심하지만 왕도정치를 펼 수 있는 가능성이 있다고 말한다. 맹자는 제선왕이 흔종釁鐘에 쓰기 위해 소를 질질 끌고 가는 모습을 보고,

> 양으로 소를 바꾸라!
> 以羊易之! －『맹자』「梁惠王(上)」

고 말했다는 소식을 듣는다. 제선왕에게 짐승을 아끼는 조금의 마음이 아직 남아 있으므로 왕도정치를 이룰 수 있는 희망이 있다

66

고 본 것이다.

　인간에 대한 사랑과 더불어 만물을 사랑하여 크게 하나 되는 대체大體를 이루는 것이 인자仁者의 모습이다. 〈사서〉는 자아를 본래 타자와 하나인 일체적 자아와 천지만물과 크게 하나인 대체적 자아로 인식하고, 인간을 천지만물과 동체同體인 '소우주小宇宙'라고 규정한다. 그러므로 나에게만 관심을 갖고 수양하는 것이 아니라, 나 이외의 모든 천지만물에게 조건 없는 사랑을 베푸는 '크게 하나 되는 살림'의 마음인 인仁을 실천하는 데 힘을 기울여야 한다고 강조한다.

3-3. 한국 문화에 내재된 만물일체 사유

서양에서 '나'는 대문자 'I'로 쓴다. 개체야말로 진정한 실체라는 세계 인식에 기초하기 때문이다. 누구의 것을 표현하는 소유격도 분명하다. 뿐만 아니라 주소를 기입해도 가장 작은 단위를 먼저 쓴다.

SUNGKYUNKWAN UNIVERSITY, 25-2, SUNGKYUNKWAN-RO, JONGNO-GU, SEOUL, KOREA

하지만 동아시아, 특히 한국에서 '나'는 남과 일체로 연결된 상관적 존재의 '우리'다. 그러니 누구의 것인 소유격이 발달되지 않는다. 주소 역시 가장 큰 단위부터 기입한다.

대한민국, 서울특별시, 종로구, 성균관로 25-2, 성균관대학교

그래서인지, 서양의 Pets 문화도 한국에 유입된 이후 한국만의

특색을 지닌 형태로 정착되고 있다. 외국인 타일러는 한 TV 프로그램에 출연하여 한국의 반려문화를 접했을 때 느꼈던 생각을 공유하였다. 한국의 반려문화는 미국하고 많이 다른데, 특히 반려견에 대한 호칭을 듣고 다소 충격적인 문화 차이를 느꼈다고 한다. 미국에서는 동물과 인간의 호칭이 엄연히 구분되지만, 한국인들은 반려견에게 "우리 아가…", "언니한테 와봐", "형에게 혼난다", "아빠 다녀올게", "엄마 왔다 이리 와"라고 부르며, 가족처럼 인식한다는 것이다.

이탈리아 로마는 도시 전체가 세계적인 문화유산이다. 로마인들의 미학에 넋을 잃곤 하는데, 문득 그런 생각을 해 본 적이 있다. '만일 우리가 일제 강점기와 한국전쟁을 겪지 않았으면 서울은 어땠을까?' 문화는 우열을 가릴 수 있는 것이 아니라, 서로 다름의 특징을 지닌 '상대'로만 향유되는 것이 본질이다.

조선을 건국한 태조는 한양漢陽 천도를 감행한 이후, 수도를 건설하며 인문가치를 도시 전체에 반영하였다. 1394년 한양에 수도를 정하고, 종묘사직과 조정과 시장, 성곽과 궁실의 제도를 완비하여 1398년 경복궁景福宮을 건립하였다. 도성을 기획한 정도전은『시경詩經』「소아小雅」의 "이미 술에 취하고 이미 덕에 배부르니, 군자는 만년토록 큰 복을 누리리라."[既醉以酒 旣飽以德 君子萬年 介爾景福]는 문장을 근거로, 조선 왕조가 만년토록 복을 누리라는 축원의 의미를 담아 '경복궁'으로 이름을 지었다.

조선은 정치·경제·교육의 근간을 성리학으로 삼고 인의예지 본성 회복과 수기치인修己治人 성학聖學 실현을 이상으로 삼았으므로, 서북쪽에 경제의 상징인 사직단을 세워 당시 경제의 주축인 농업을 장려하고, 동북쪽에는 국학의 산실인 성균관을 세워 국가 동량을 양성하였다.

성균관은 국학國學, 태학太學, 반궁半宮, 현관賢關, 수선지지首善之地 등으로 불렀다. 국학과 태학은 국가의 최고 학교라는 뜻이고, 반궁은 창경궁에서 내려오는 물과 와룡산에서 내려오는 물이 에워싸고 있어서 쉽게 드나들 수 없는 신성한 장소라는 의미다. 현관은 현명한 인재를 양성하는 기관이라는 뜻이고, 수선지지는 인재를 양성하는 최고의 장소라는 의미다.

한양 도성에는 정치와 학문의 기본 이념인 성리학을 토대로, 드나드는 문을 배치하였다. 흥인지문興仁之門, 숭례문崇禮門, 돈의문敦義門, 숙정문肅靖門[홍지문弘智門]의 대문과 소의문昭義門, 광희문光熙門, 혜화문惠化門, 창의문彰義門의 소문이 있었다. 다른 문이 모두 세 자인데 반해, 동쪽의 문인 '흥인지문興仁之門'은 네 자다. 동쪽의 낙산駱山이 서쪽의 인왕산보다 기세가 약하여, 산맥이 꿈틀거리는 모습을 상징하면서 말도 되게끔 '지之'자를 추가하여 이를 보완한 것이다. 남쪽에 자리한 숭례문은 다른 문과 달리 세로로 쓰여 있다. 백악산白岳山을 주산으로 경복궁을 건립한 후, 크고 작은 화재를 경계해야 했다. 특히 궁궐 정면에 오악五岳 가운데 남악南岳에 속하는 '관악산冠岳山'이 자리하고 있는데, 관악산은 불꽃이 타오르는 형상을 하고 있어 화기火氣가 강하였다. 현판을 가로로 하면 불에 잘 타지 않으므로, 세로로 세워 맞불을 놓아 불을 막겠다는 의미를 담았다. 도성 정 중앙에는 '보신각普信閣'이 있다.

'신信'은 오행 가운데 토土로, 방위가 정중앙에 해당한다. 사대문과 사소문의 개폐를 보신각을 타종하여 알렸다. 물론 예외 상황은 있었다. 봄여름, 비가 내려도 먼지도 적시지 못하는 가뭄이 지속되면, 양기陽氣가 들어오는 숭례문을 닫고 음기陰氣가 드나드는 숙정문을 열어 놓았다. 또 도성 사람들의 풍속이 음탕해지면 숙정문을 닫아 놓고 숭례문을 열어 놓았다.

한양은 단지 인간만을 고려한 도시가 아니라, 천지만물이 하나로 연결되어 있다는 인식 아래, 인간의 일이 자연변화와 밀접한 연관이 있다는 '만물일체'의 사유를 반영하고 있는 인문적 도시인 것이다.

〈사서〉의 인간다움은 가족과 하나 되고, 사회로 나아가며, 세상에 공감하는 살림의 이상을 실현하는 목표를 지향하고 있다. 이는 동아시아 사상문화에 지대한 영향을 주어, 만물일체에 기반한 삶의 방식과 문화 형성을 이루는 데 결정적인 토대가 되었다.

4장

인간다움이란 :
현실적인, 그러나 이상적인
인仁의 확장

4-1. 조건 없는 사랑의 실천동력, 충忠

자동차 운전을 하면 내비게이션을 켜고 "안내를 시작하겠습니다!"라는 익숙한 목소리와 함께 현재 도로상황에 맞게 말해주는 길에 의지하여 목적지를 찾아가곤 한다. 제한속도 경고뿐만 아니라 감시 카메라 위치도 알려주니, 여간 신뢰하는 것이 아니다. 현대사회를 살아가고 있는 사람들의 삶 역시 유사해 보인다. 수많은 사람들이 얽히고 설킨 복잡한 이해관계 속에서도 최소한의 안전망인 법과 제도를 통해 사회질서를 유지하며 살아가고 있다.

그러나 법과 제도가 실시간으로 도로상황에 따라 안전한 길을 안내해 주는 내비게이션 같이 안정감을 주면 좋겠지만, 상황과 대상에 따른 변화를 신속하게 반영하지 못하니, 삶의 전체를 온전히 맡기기에는 불안하기도 하다.

『논어』를 보면, 공자는 뜬금없이 제자 증자에게 "나의 도는 하나로 꿰뚫어져 있다."[吾道一以貫之]고 말한다. 그 말을 함께 들었던 문인들은 그 말이 무엇인지 전혀 파악하지 못했지만, 증자曾子는 일관된 공자의 도가 충忠과 서恕라고 설명해 준다. 후대 학자들은 충忠을 진기盡己로, 서恕를 추기推己로 풀이한다. '진기盡己'란 자기의 사욕을 제거하여 지극히 참된 마음을 회복하는 것이고, '추기推己'란 자기 마음을 미루어 남에게 확장하는 것이다. 혹자는 글자를 파자破字하여 기준이 마음에 있는 '중中'과 '심心'을 합한 것이 충忠이고, 같은 마음인 '여如'와 '심心'을 합한 것이 서恕라고 풀이한다. 공자의 일관된 도는 충에서 시작하여 서로 확장된다. 사욕을 제거하여 마음에 기준을 세우는 '충'은, 다름 아닌 인간의 행위 동기가 내면의 선한 마음에서 시작함을 선언한 것이다.

『대학』에서도 천자天子로부터 서인庶人에 이르기까지 모두 수신修身을 근본으로 삼는다고 한다. 인간다움을 실현하는 과정에서 수기修己에 해당하는 명명덕明明德이 근본이고 치인治人에 해당하는 신민新民이 말단이라는 것이다. 자신의 '명덕'이 회복되면, 자연스럽게 주체와 객체를 구분하지 않고, 조건 없는 사랑을 베푸는 도덕 행위의 토대가 마련된다. 남을 사랑하는 마음을 실천하는 이타적인 행위의 '신민'은 외부에서 제시된 조건이나 어떤 목적에 의해 타율적으로 행해지는 것이 아니다. 내면의 명덕에서 우러나와 저절로 행동으로 이어지는 진정성 있고 자율적인 실천이다. 마음에 내재된 명덕이 밝아지면 백성들을 감화시켜, 그들 스스로 명덕에 의해 자율적으로 도덕적 사고와 행위를 하게 할 수 있다고 본 것이다.

근본이 확립되지 않으면 신민의 이타적 행위는 순선하지 않은 목적성을 지니기 쉽다. 근본이 확립되어야 신민은 비로소 진정성 있게 실천되고, 상대의 보답이나 이익이 없어도 조건 없이 지속가능한 실천을 할 수 있다. 수기는 치인의 토대이며, 치인은 수기의 확장이다.

4-2. 감정의 가까운 대상부터, 서恕

『논어』를 보면, 제자 자공이 한 마디로 평생토록 행할 수 있는 것이 무엇인지 묻자 공자가 '서恕'라고 답한 구절이 나온다. 서란 타인의 마음이 자신의 마음과 같으므로 자신의 마음을 미루어 타인에게 본심에서 우러나오는 사랑의 감정을 확장하는 것이다.

자공이 개념어를 이해하지 못할까봐 염려해서인지 공자는 다시 "자기가 바라지 않는 것을 남에게 베풀지 말라."[기소불욕己所不欲, 물시어인勿施於人. -『論語』「衛靈公」]라고 부연한다. 서의 실천을 통해 확장하는 '같은 마음[如+心]'은 자기가 바라고 바라지 않는 것을 남에게도 바라고 바라지 않는 선한 마음이다. 만일 자신의 사욕을 남도 동의할 것이라 착각하고 그 마음을 확장하면 관계의 조화가 무너진다. 보편적인 욕구라야 자기 마음을 미루어 남에게 베풀 수 있다. 인간은 이 마음의 확장을 통해 사랑을 베푸는 도덕 주체로 자리할 수 있고, 천지만물과 대체大體를 이루어 조화를 유지할 수 있다.

다만 본성은 인간의 도덕 감정을 통해 드러나고 인식 범위에 들어온 대상에 대해서만 감정을 드러내므로, 선한 마음이 미치는 범위는 좁고 제한적이다. 자연스럽게 남을 나처럼 아끼는 조건 없는 사랑을 실천하기 위해서는 원근遠近과 친소親疏의 분별을 해야 한다.

맹자는 당시 현학顯學으로 대두되었던 양주楊朱와 묵자墨子를 비판한다.

> 양씨는 자신만을 위하니, 이는 군주가 없는 것이고, 묵씨는 두루 사랑하니, 이는 아버지가 없는 것이다. 아버지가 없고 군주가 없으면 금수나 마찬가지이다.
> 楊氏爲我, 是無君也. 墨氏兼愛, 是無父也. 無父無君, 是禽獸也. -『孟子』「滕文公(下)」

양주의 '위아爲我'사상이 오직 자기 이익만을 중시하는 이기주의를 의미하지는 않는다. 양주는 사람들이 스스로의 생명을 중히 여기고 부질없이 타인을 간섭하지 않으며 소박하게 삶을 살아가다 보면 천하가 저절로 안정될 것이라고 믿었다. 다만 도덕 본성에 기초한 선한 마음을 사회적으로 확장하는 것에 관심을 둔 맹자에게, '무군無君'의 사유는 조금의 희생으로도 천하를 이롭게 할 수 있음에도 하지 않는 자이므로, 군자의 도덕 의무를 방기하는 문제를 야기할 수 있다.

반면 묵자를 '무부無父'라고 비판한 것은 천하를 이롭게 하기 위해서는 자신의 부모와 타인의 부모를 구분하지 말고 누구에게나 동일하게 사랑을 펼쳐야 한다는 관점 때문이다. 사랑해야 하는 아버지가 두 명 혹은 다수가 될 수 있으므로 겸애兼愛를 '이부二父'의 사랑이라 규정하기도 했다. 묵자는 남이 나를 사랑해주기 바라는 것처럼 나도 남을 사랑하면 남도 나를 사랑하게 되어 결국 천하가 크게 이롭게 될 것이라고 믿었다. 얼핏 도덕 의무를 적극적으로 행해야 한다는 입장에서 보면 묵자의 지향이 긍정적으로 받아들일 수도 있지만, 맹자는 그런 이타적 행위의 목적은 동의가능하나 실천 방법에 있어 동의할 수 없는 지점이 있다고 하였다.

맹자가 보기에 세상 사람들을 차별 없이 사랑하여 서로를 이롭게 해야 한다고 주장한 묵자의 '겸애'사상은 오히려 사람들을 호도하여 사회혼란을 가중시킬 수 있다. 묵자처럼 자신을 아끼는 마음을 가지고 누구에게나 사랑을 베푸는 것이 인간의 의무라고 여기면, 이는 지나치게 높은 이상을 강요하여 일반인이 쉽게 실천할 수 없는 '난물難物'의 문제가 있을 수 있다.

하늘의 모습을 담고 있는 본성이 인간의 도덕 감정으로 온전히 드러난다고 인식한 맹자의 성선설은 사랑의 실천에 있어 친소親疏의 구분이나 존비尊卑의 차이를 두지 않을 수 없다. 매 순간 마주한 대상에 대한 조건 없는 사랑의 감정을 확인하되, 선후본말先後本末을 구별하여 차별적 사랑을 베풀어야 하는 것이다.

다만 차별적 사랑의 기준인 존비친소는 공간적 거리에 의해 결정되지 않는다. 현재 어떤 사람과 손을 잡고 있다고 가정해 보자. 둘은 이 세상에서 가장 가까운 공간적 거리에 있다 할 수 있다. 그런데 만일 그가 모르는 사람이거나 평소 서먹한 관계를 유지하고 있는 사람이면 느껴지는 감정의 온도는 어떨까? 뜨겁지 않을 수 있다. 그 순간, 공간적으로 떨어져 있는 자식이나 부모, 아니면 연인을 떠올리면 어떻게 될까? 손을 맞잡고 있는 사람보다 감정적 거리가 가깝다는 것을 느낄 수 있다. 심지어 떠올리는 순간 흐뭇한 미소가 절로 나올 수도 있다. 따뜻한 연대의 감정이자 진솔한 사랑의 감정은 대상에 따라 자연스럽고 즉각적으로 드러난다. 친소나 존비의 차이는 공간적 거리를 말하는 것이 아니라, 감정적 거리의 멀고 가까운 구분을 말하는 것이다.

물론 감정적으로 가까운 대상은 상황에 따라 변할 수 있다. '어떻게 사랑이 변하니?'라는 영화대사도 있다. 부모자식 사이에서 쉽게 확인되는 사랑처럼 조건 없이 남을 아끼고 배려하는 '측은지심惻隱之心'과 같은 마음은 어제 오늘 그 대상이 달라질 수 있다. 당황하지 말고 상대에 대해 느껴지는 진심을 조건 없이 베풀면 된다. 그것이 차별적 사랑의 본질이다.

'겸애'의 행위 동력은 개개인의 감정에 있지 않고, 마음을 초월하여 존재하는 하늘[天]에 있다. 맹자는 묵자의 '무부無父'와 같이 누구에게나 의무적으로 사랑을 실천해야 한다고 가르치면, 일반 사람들은 현실의 모습만을 보고 인간의 본성이 선하다는 것이 실현 불가능한 이상이거나 만들어낸 허구로 여길 가능성이 있다고 보았다.

도덕적 경지와 무관하게 부모가 자식을 사랑하고 자식이 부모를 섬기는 것이 필요에 의한 행위가 아니라 진심으로 조건 없이 베푸는 것이라 말하면 사람들은 쉽게 수긍한다. 모든 사람을 나처럼 아끼고 사랑하는 최고 경지를 강조할 것이 아니라, 감정에서 쉽게 확인할 수 있는 부모자식 간의 따뜻한 사랑의 감정에서부터 실천해 나가면, 사람다움은 보다 신념을 갖고 힘 있게 실천할 수 있다.

『논어』는 말한다.

　　효도와 공경이라고 하는 것은 인을 실천하는 근본일 것이다!
　　孝弟也者, 其爲仁之本與! ―『論語』「學而」

　　효孝는 부모와 자식 간에 지켜야 할 종적 덕목이고, 제弟는 형제 간에 지켜야 할 횡적 덕목이다. 도덕적 경지나 학습의 많고 적음과 무관하게, 혈연적 관계에서 자연적으로 생겨나는 느낌에 충실하여 감정적으로 가까운 인간에 대해 선의善意를 확충해 나가는 것이 인을 실천하는 근본이 된다는 말이다. 가족 간의 사이는 천륜天倫의 관계에 있기 때문에 '정情'의 온도가 여전히 따뜻하다. 설령 부모님이나 형제에 대한 감정의 온도가 식었다 할지라도, 조금만 자극하면 본래 감정의 온도는 금세 회복할 수 있다. 차별적 사랑을 쉽게 행할 수 있다는 이행易行의 이유는 도덕적 경지나 학습의 유무와 무관하게, 누구나 자연스럽게 드러나는 감정을 행동 동력으로 삼아 타인을 향한 조건 없는 사랑을 실현할 수 있기 때문이다.

　　당연히 인간다움의 실천은 반드시 부모님을 친히 여기는 '친친親親'을 행하면서, 그것을 사회적 관계로 확대하여 백성들을 어질게 대하는 '인민仁民'으로 나아가야 한다. 사회적 관계에서 따뜻한 감정이 자연스럽게 나오기를 기대하기는 어렵다. 그럼에도 타율적인 도덕실천을 강요하기보다는 먼저 지속가능하고 진정성 있는 실천 동력인 '같은 마음[如+心]'을 확보해야 한다. '역지사지易地思之'를 통해 "나라면 어떤 마음이 들까?", "상대방이 나와 친밀한 관계에 있는 가족이라면 어떨까?"와 같은 '서恕'의 노력을 한다면, 남남이라 착각하는 사회적 관계에게도 내면의 마음에서 시작된 진실된 사랑의 행위 동력을 갖게 된다. 나아가 서의 확장은 천지만물을 아끼는 '애물愛物'로 이어져야 한다. 동물과 식물뿐만 아니라, 존재하는 모든 것을 아끼고 보호해야 하는 것이다.

자기가 처한 자리에서 드러나는 순선한 도덕 감정에 따라 선후본말을 구분하고 마주한 대상에게 진정성 있고 지속가능한 사랑을 베푸는 것, 그것이 차별적 사랑인 '별애別愛'의 본의이자, 종신토록 행해야 하는 '서'의 뜻이다.

4-3. 〈사서〉에서 말하는 '효'의 본의

우리나라 고전 가운데 많은 사람의 사랑을 받은 작품은 당연 「심청전」이다. 깜깜한 길을 더듬어가며 날마다 동냥젖을 빌어 자식을 키운 아버지를 위해 제 몸을 희생한 심청. "아이고, 아버지!" 하는 심청의 울음에 심봉사가 눈을 뜨고, 아버지와 딸의 지극한 사랑은 기적을 이루며 끝을 맺는다. '하늘이 내린 효녀'에 대한 서사 「심청전」은 한국의 효를 포함한 가족 사랑의 정신을 오롯이 반영하고 있다.

　미국 하버드대 와그너 교수(Edward Willett Wagner)는 한국의 가족제도야말로 21세기를 살릴 수 있는 유일한 대안이라고 말한다. 또 영국의 역사학자 아널드 조지프 토인비(Arnold Joseph Toynbee, 1889~1975)는 한국의 효孝 사상과 경로사상, 가족제도 등의 설명을 듣고 눈물을 흘리면서 "한국의 효 사상에 대한 설명을 듣고 보니 효 사상은 인류를 위해서 가장 필요한 사상"이라며 "한국뿐만 아니라 서양에도 효 문화를 전파해 달라"고 부탁하였던 것으로 유명하다.

효는 전통사회에서 사회를 유지하는 근간으로 기능하였다. 한 자의 '효孝'는 '늙을 노老'와 '아들 자子'가 결합된 회의자會意字로, 자식이 노인을 등에 업고 봉양하는 모습을 담고 있다. 전통사회에서는 부모를 극진히 봉양한 효행의 사례를 선별하여 다양한 포상으로 효를 적극 권장하였다. 가난하거나 불우한 환경 속에 있으면서도 극단적인 방식으로 효를 실천한 사례들이 사료에 기록되어 있다.

경주사람 허조원許調元이 14세에 부친이 간질로 고생하자, 손가락을 잘라 수혈하여 병을 치료하였다.
영해부寧海府 박춘朴春은 13세에 모친이 죽자 시체를 끌어안고 슬피 울고, 3년간 시묘살이를 하고 부친상에도 3년 상을 치렀다.
거창현居昌縣 최치안崔致安은 14세 때 부친이 오랜 병으로 고생하자, 조부가 돌아가셨을 때, 부친을 대신하여 3년 상을 입었다. -『조선왕조실록』「단종실록」

양양襄陽에 사는 김수영金壽永은 부모가 돌아가자 몹시 슬퍼하여 뼈만 남았지만 채소와 과일도 먹지 않고 3년간 죽만 먹었고, 또 스스로 하늘에 맹세하는 글 1백 32자를 지어 자기 손으로 좌우 무릎에 문신으로 새겨 넣었다.
간성杆城에 사는 황필현黃弼賢은 어머니가 큰 병을 얻게 되자 손가락을 잘라 약에 타서 먹였는데 어머니의 병이 바로 나았다.

동부東部에 사는 홍윤洪潤의 아내 이씨李氏는 남편이 병을 얻
었는데 의원의 말에 '생사람의 고기를 약으로 먹여야 된다'고
하자, 즉시 칼로 발가락을 끊어 자신이 갈아서 술에 타 먹였
는데 지아비의 병이 조금 나았다. ―『조선왕조실록』「명종실
록」

부모를 위해 허벅지 살을 도려내는 할고割股나 손가락을 잘라
내는 단지斷指의 행위를 최고 등급의 효로 인정해 달라는 상소가
올라오자, 세종은 "손가락을 자르는 부류는 비록 정도正道에 부합
하지 않지만, 부모를 위하는 마음이 절실하므로, 취하는 것도 좋
다."[세종실록58권, 1432년(세종14)]고 하였다. 할고와 단지가 신체 보전
을 효로 규정한 〈사서〉 등의 고전과 어긋나긴 하지만, 생사의 기
로에 선 부모의 병을 낫게 할 수만 있다면 신체도 아끼지 않겠다
는 자식의 마음이 가상하여 상소의견을 받아들인 것이다. 물론 세
종의 의도에는 당시 세속의 풍속이 어지러워 자식이 부모를 죽이
는 일도 발생하자 이런 사례를 모범으로 삼아 백성들을 교화하려
는 목적도 있었으리라 짐작된다.
　조선 중후기에 이르면 극단적인 행동으로 효를 실천한 사례들
의 폐단이 선명하게 부각되기도 하였다. 다산은 당시 효행 실천의
문제를 지적하며「효자론孝子論」을 작성하였다.

　어떤 사람이 관청에 와서 아버지가 효자임을 말하면서, "할아

버지가 병을 앓으실 적에 똥을 맛보아 병세를 점쳤으며, 목욕재계하고 90일 동안 북두칠성에 정성을 다하여 기도드린 결과 몇 년을 더 연명하였습니다."라고 하였다. 또 어떤 사람은 "할아버지와 할머니가 함께 별세하시자 삼년상三年喪을 마쳤고, 또 3년이 지난 뒤에야 상복을 벗었습니다."라고 하였다. 관장官長은 감탄하면서 사실을 상부에 보고하였고 임금께도 알려져, 그 집안의 호역戶役이 면제되었고, 아들이나 손자의 요역徭役도 감면되었으며, 그들이 사는 마을 입구에 정표까지 세워졌다.

다산은 이것이 예禮가 아니라고 비판한다. 부모를 이용하여 명예를 얻거나, 부역을 피하기 위한 행위에 지나지 않는다는 것이다. 단지와 할고 사례가 역사 사료에 나오지 않는 것도, 그것이 절실한 마음을 표현한 효행이기는 하겠지만 훗날 세상 사람들을 잘못 이끌까 염려되어 기록하지 않은 것일 테고, 설사병에 걸린 환자의 병세를 체크하기 위해 의원이 똥 맛을 보는 것인데, 모든 부모의 똥 맛을 보며 효라고 하는 것은 병의 치료와 전혀 무관한 행위라는 것이다.

또 다산은 「열부론烈婦論」에서 남편이 죽자 아내가 따라 죽은 사건을 두고 강하게 비판하였다.

천하에서 가장 흉한 일이 스스로 목숨을 끊는 것인데, 호역을 면제해 주는가 하면 그 마을에 열부라고 정표까지 하니, 이는 천하에서 가장 흉한 일을 서로 사모하도록 백성들에게 권면하는 것입니다. 남편이 죽는 것은 가정의 불행이기는 하지만, 늙은 시부모를 봉양할 사람이 없고 어린 자녀들을 양육할 사람이 없으면, 죽은 남편의 아내 되는 사람은 당연히 슬픔을 참고 자식들을 키우고 부모를 봉양하는 데 힘쓰는 것이 옳음입니다.

전통사회에서 효는 긍정적인 측면이 많았지만, 부정적인 측면도 적지 않았다. 효라는 도덕관념이 가부장적 상하지배를 유지하는 이론 근거로 기능하기도 하였고, 효의 본질인 진정성 있는 감정은 온데간데없고, 이익이나 명예를 위해 포장된 효를 행하는 경우도 많았다.

『논어』에도 당시 효에 대한 문제를 지적한 구절이 나온다.

지금의 효라는 것은 물질적으로 잘 봉양하는 것을 이른다. 개와 말도 모두 먹여 길러줄 수 있는데, 공경하지 않으면 무엇으로 구별하겠는가?
今之孝者, 是謂能養, 至於犬馬, 皆能有養, 不敬何以別乎! ─ 『論語』 「爲政」

물질적인 봉양을 잘 하는 것도 사실 쉽지 않다. 디지털혁명이 생활문화로 스며든 이후 손 편지로 마음을 전하는 경우는 드물다. 해외에 있건 지방에 있건 언제든 SNS로 부모님과 편리하게 소통

할 수 있고, 온라인 배송을 통해 손쉽게 마음을 전할 수도 있다. 방식은 변할 수 있다. 그런데 편리한 나머지 온라인 쇼핑몰에서 선물을 대신 전해주고, 안부 묻는 것조차 문자로 대체하는 경우가 많다. 마음이 담기지 않으면 먹이 주며 기르는 동물을 대하는 것과 다를 바가 없다. 효도는 물질적 봉양을 넘어 진정성 있는 공경의 마음을 전하는 것이다.

공경한다는 것은 부모님의 뜻을 존중한다는 의미 역시 담고 있다. 『맹자』를 보면, 증자曾子와 증원曾元의 효행에 대한 사례가 나온다. 증자는 그의 아버지 증석曾皙을 모시면서 술과 고기를 정성스럽게 차려드렸다. 아버지가 식사를 마치고 밥상을 물리시면서 남긴 것이 있는지 물으면 있다고 하고, 누구에게 줄 것인지도 물었다. 증석이 돌아가시고 증자는 아들 증원에게 봉양을 받게 된다. 증원도 증자를 술과 고기를 정성껏 차려드리며 모셨다. 그런데 증원은 아버지 증자가 밥상을 물리려고 할 때 남긴 것을 누구에게 줄 것인가를 묻지 않았고, 남은 것이 있느냐 물으면 없다고 대답을 하였다. 남은 것을 다시 아버지에게 대접하려 했던 것이다.

증자와 증원의 차이는 뜻을 봉양하는 '양지養志'와 육체만 봉양하는 '양구체養口體'에 있다. 부모님의 뜻을 아느냐고 대학생들에게 물으면, 대학 잘 가면, 학점 잘 받으면, 취직 잘 하면 부모님이 기뻐할 것이라 대답하곤 한다. 그럼 대학 못 가면, 학점 못 받으면, 취직 못하면 부모님이 슬퍼할까? 의외로 부모님이 진정 바라는 것이 무엇인지 모르는 학생들이 많이 있다. 처음이야 결과에 아쉬운 마음이 들기도 하겠지만, 부모님은 어쩜 '건강하게만 살아다오', '행복하게 살아라' 등을 바라고 있는지도 모른다. 공자는 말한다.

> 부모님은 오직 자식이 병들까 걱정하신다.
> 父母唯其疾之憂. −『論語』「爲政」

자식의 건강을 바라는 부모님의 마음은 저절로 드러나는 '살림'의 마음이다. 건강하게 사는 것은 효의 시작이다. 『효경』에서도

> 몸과 머리카락과 피부는 부모님에게서 받은 것이니, 훼손하거나 상하지 않게 하는 것이 효도의 시작이다.
> 身體髮膚, 受之父母, 不敢毁傷, 孝之始也.

라고 말한다. 물론 건강하게 살라는 것은 단순하게 몸의 건강만을 말하는 것은 아닐 것이다. 효도의 마지막을 『효경孝經』에서는 '입신양명立身揚名'이라고 하였다. 후대 사람들은 입신양명이 고위 관직에 올라 이름을 드날리는 것으로 착각한다. 원문에 입신立身의 전제와 양명揚名의 범위가 명확히 기록되어 있다.

> 도를 행하여 몸을 세워, 후세까지 이름을 드날려 부모님을 드러내게 하는 것이 효도의 마지막이다.
> 立身 [行道], 揚名 [於後世, 以顯父母], 孝之終也.

'크게 하나 되는 살림'의 어진 마음을 회복하고, 그 마음을 간직하며 자기 모습대로 살아가는 것, 그것이 내 몸을 세우는 전제조건인 '행도行道'이다. 그러면 저절로 좋은 소문이 난다. 소문의 범위는 현세에만 그치는 것이 아니다. 선현들을 후학들이 기억하는 것처럼, 후대의 사람들이 자신을 기억하는 것이 '양명揚名'의 범위이다. 또한 나뿐만 아니라 나를 태어나게 한 부모님의 공로도 드러내게 하는 것이 효도의 마지막이다. 맹자는 말한다.

> 부모님을 기쁘게 하는 데는 길이 있다. 몸을 돌이켜 참되지 못하면 부모님에게 기쁨을 주지 못할 것이다.
> 悅親有道, 反身不誠, 不悅於親矣. —『孟子』「離婁(上)」

부모님을 기쁘게 하는 일은 자기가 처한 자리에서 사욕에 휘둘리지 말고, 오직 바른 마음으로 지금 이 순간을 살아가는 데 있다는 것이다.

안중근 의사의 어머니 조성녀趙姓女 여사가 사형을 앞둔 아들에게 수의壽衣를 보내면서 편지도 동봉했다고 전해진다.

> 네가 만약 늙은 어미보다 먼저 죽은 것을 불효라 생각한다면 이 어미는 웃음거리가 될 것이다. 너의 죽음은 너 한 사람의 것이 아니라 조선인 전체의 공분을 짊어지고 있는 것이다. 네가 항소를 한다면 그것은 일제에 목숨을 구걸하는 짓이다. 목숨을 구걸하지 말고 당당하게 죽으라. 옳은 일을 하고 받는

형이니 비겁하게 삶을 구걸하지 말고 대의에 죽는 것이 어미에 대한 효도이다. 여기에 너의 수의를 지어 보내니 이 옷을 입고 가거라. 다음 세상에는 반드시 선량한 천부의 아들이 되어 이 세상에 나오너라.

목숨을 구걸하는 것보다 옳음을 선택한 안중근 의사의 결연한 태도는, 물질적 봉양을 넘어 부모님의 뜻을 봉양하여 입신양명하는 모범을 보여주고 있다. 효의 본질은 건강하고 바르게 삶을 살아 천지만물에 의미 있는 영향을 주는 인仁을 실천하는 데 있다.

5장

인간다움이란 :
인간의 바른 길, 의義

5-1. 생명보다 귀한 가치

종종 가야 할 건널목이 있음에도 차도로 무단 횡단하는 경우가 있다. 긴급 상황이 발생할 경우 활용하는 갓길을 추월차선처럼 과속하며 유유히 지나가는 운전자도 있다. 큰 사고로 이어지면 인명 피해는 물론 도로는 순식간에 아수라장이 된다. 마땅히 가야 할 안전한 길을 버려두고 제멋대로 길을 다닌 결과이다.

사회질서가 붕괴되고 오직 부국강병의 논리로 세상이 혼탁해지는 춘추시기를 경험한 공자는 정치 참여를 자신의 사명으로 여기고 13년 동안 천하를 주유하며 상식이 통하는 공정 사회를 이루기 위해 노력하였다. 인간다움의 완성에 뜻을 두고 공부하는 군자라면

무엇보다 의義를 우선해야 한다.
義以爲上 −『論語』「陽貨」

고 강조하였다.

맹자 역시 옳음이 상식으로 여겨지는 사회를 완성하기 위해 힘을 기울였다. 제자 공도자公都子가 똑같은 사람인데 어떤 이는 대인이 되고 어떤 이는 소인이 되는 이유를 묻자, 맹자는 대인은 매 순간 의義를 생각하고 따르기 때문이라고 답하고는

사는 것도 내가 바라는 것이고, 의도 내가 원하는 것이지만 두 가지를 함께 얻지 못한다면 차라리 생명을 버리고 의를 취할 것이다.
生亦我所欲也, 義亦我所欲也. 二者不可得兼, 舍生而取義者也.
－『孟子』「告子(上)」

라고 말하였다. 생명[生]과 의로움[義] 가운데 하나를 선택해야 한다면 사람이 다녀야 할 바른 길[인지정로人之正路]인 의를 선택하라는 것이다. 갑골문과 금문에서 '의(義)'는 희생물로 바친 양[羊]을 신의 뜻에 맞도록 삼지창[戈]으로 알맞게 자르는 모양을 형상하였다. 의는 다른 글자와 함께 병칭되어 의리義理·도의道義·절의節義 등으로 쓰이며, 올바른 행동 기준을 의미하는 '올바르다·적절하다·마땅하다'의 뜻으로 통용되었다. 죽음이라는 극단적 선택을 하더라도 이러한 의로움을 이루겠다는 맹자의 실천 의지는 삶의 궁극적 목표가 의임을 말해준다.

〈사서〉를 세계 인식으로 받아들인 우리 선현들은 의를 우선으로 삼고 실천하기 위해 노력하였다. 남명南冥 조식曹植(1501-1572)

은 경敬과 의義를 칼에 새긴 '경의검敬義劍'을 차고 다니며, 경으로 마음을 밝히고 의로 행동을 결단하기 위해 스스로를 엄격하게 다스렸다고 한다. 작은 티끌도 용납하지 않는 엄격함과 올곧음을 향한 신념의 크기를 짐작할 수 있다. 면암勉菴 최익현崔益鉉도 1905년 을사보호조약이 강제 체결되자 74세의 고령에도 불구하고 의병을 일으켜 옳음을 지키기 위해 노력하였다. 독립운동가 심산 김창숙金昌淑은 일제강점기와 대한민국 초기를 살며, 불의와 타협하지 않는 선비의 義理精神을 실천하여, 민족의 독립과 나라의 평화를 위해 헌신하였다.

동아시아에서 수천 년간 선현들의 종교적 신념에 가까운 행동의 기준이자 극한 상황 속에서도 삶을 지탱하게 한 '의'는, 크게 하나 되는 살림을 의미하는 '인'과 함께 인간다움을 완성하기 위해 반드시 주목해야 하는 덕목이다.

5-2. 마음에 내재하는 선험적인 도덕률

맹자는 의義를 수오지심羞惡之心과 연관시켜 설명한다. '수羞'는 자신의 부정不正을 부끄러워하는 것이고, '오惡'은 타인의 부정을 싫어하는 것이다. 부끄러움과 미워함은 사사로운 욕구를 추구하여 크게 하나 되는 인을 해치는 생각과 행동을 반사적으로 제어하는 자연스런 감정이다. 옳고 그름의 행위 기준인 의는 학습과 경험을 거치지 않고도 수오지심과 같은 본심을 통해 드러나 인간다움을 완성하도록 유도한다.

공자가 위나라에서 진나라로 가는데, 광匡 지역 사람들이 공자를 자신들에게 약탈을 일삼았던 양호陽虎로 착각하고 죽이려 하자, 공자는 말한다.

> 문왕이 이미 돌아가셨으니, 도가 드러난 문화가 여기에 있지 아니한가? 하늘이 장차 이 문화를 없애려 하신다면 뒤에 죽을 사람이 이 문화에 참여하지 못할 것이다. 하늘이 이 문화를 없애려 하지 않으신다면, 광 땅 사람들이 나를 어떻게 하

겠는가!

文王旣沒, 文不在玆乎? 天之將喪斯文也, 後死者不得與於斯文
也. 天之未喪斯文也, 匡人其如予何! -『論語』「子罕」

하늘의 뜻은 인간의 덕을 통해 드러나고 이것의 구현 또한 인간
에게 달려 있다. 하늘의 뜻을 알고 그대로 실천한 공자는 당연히
자신이 죽게 되면 하늘의 도가 드러난 문화가 전해지지 않을 것이
라 확신하였다. 그의 관심은 하늘의 법칙대로 살아가지 못하는 것
에 있지 무력 따위의 위협에 있지 않았다. 오직 마음속에 내재되
어 있는 도덕 준칙을 주체적으로 자각하고 실천하는 삶을 살지 못
하는 것이 걱정이었던 것이다.

반면 맹자와 논쟁을 벌인 고자告子는 도덕적인 행위기준인 의
가 마음 밖에 있다고 보았다.

상대방이 나이 많아 내가 어른으로 공경하는 것이지, 내게 어
른으로 공경하는 기준이 있는 것이 아니다. 마치 저것이 흰색
이라 내가 희다고 하는 것과 같다. 희다고 하는 기준은 밖에
서 찾아야 한다. 그러므로 밖에 있다고 하는 것이다.

彼長而我長之, 非有長於我也. 猶彼白而我白之, 從其白於外也,
故謂之外也. -『孟子』「告子(上)」

맹자가 보기에 흰색의 말을 보고 희다고 하고 흰 피부의 사람
을 보고 희다고 하는 것은, 마주한 외부 대상에 따라 달라지는 사

96

실 인식일 뿐이다. 의는 단독으로 규정될 수 있는 개별 사물의 사실이 아니라, 대상과 대상 사이에 적절한 행위가 요구되는 선善과 시是와 같은 당위적인 가치를 의미한다. 그래서 맹자는

> 어른을 보고, 어른이라고 하는 것이 의인가? 어른으로 여기는 것이 의인가?
> 長者義乎? 長之者義乎? ─『孟子』「告子(上)

라고 반문한다. 어른을 어른이라고 하는 것은 사실이지만, 어른을 어른으로 여기는 것은 관계 속에서 형성되는 행위 기준이다. 도덕적인 행위 기준은 외부 상황에 따라 변할 수 있지만, 그것은 마음 안에 갖추어져 있는 본심에 의해 드러나는 도덕률이다.

묵자도 주관적인 옳음을 배제하고 최상위자인 하늘이 원하는 절대적 의에 복종하는 '상동尙同'의 실현을 통해 보편적인 옳음을 추구해야 한다고 강조하였다. 지혜로운 자는 현상을 초월하여 존재하는 절대적 존재인 하늘을 존중하고 귀신을 섬기며, 사람을 사랑하고 재용을 절약해야 한다. 위로는 초월적 존재의 율령律令을 경청하고, 아래로는 사회적 백성의 요구를 파악하여 천하를 이롭게 하는 데 힘을 다해야 한다. 사회에서 갈등과 분열이 지속되는 이유는 사람마다 각기 다른 가치를 지니기 때문이다.

맹자는 마음과 구분되는 의의 실재를 인정하지 않았다. 그에게 '상동'의 실현은 있을 수 없다. 의는 마음 밖에 있는 준칙이 아니라, 선험적인 본심에 의거하여 드러나는 도덕 행위의 준칙이다.

인간은 태어나는 순간 본성 속에 도덕률을 갖추고 있어 도덕적 사고와 행위를 할 수 있는 도덕적 주체이자 자율적 존재인 것이다.

5-3. 상황에 맞게 드러나는 중용 준칙

올바른 행위의 근거이자 사회적 정의를 의미하는 '의'가 마음에 내재한다는 규정은, 의가 각자 처한 시간과 공간의 상황에 자유롭지 못하다는 것을 의미한다. 사회적 관습 등과 같은 외재적 기준이나 미리 설정해 놓은 잣대는 변화에 능동적으로 대처하지 못하고, 사람들에게 잘못된 가치를 복종하게 하여 융통성 없는 사람으로 이끌 수 있다. 공자는 말하였다.

> 군자는 세상에 대처할 때, 반드시 그래야만 한다는 것도 없고 절대로 해서는 안 된다는 것도 없다. 오직 의만을 가까이 하고 따른다.
> 君子之於天下也 無適也 無莫也 義之與比. —『論語』「里仁」

때와 상황에 맞게 내재적 도덕률인 의에 따라 행동해야 한다. 때에 맞게 적합한 것을 따르는 '수시처중隨時處中'의 태도가 중요하다. 의는 시간과 공간에 따라 자유롭게 변할 수 있는 중용의 준칙이다.

성인 공자의 처세에 대해 맹자는 다음과 같이 평가한다.

> 빨리 떠날 만하면 빨리 떠나고, 오래할 만하면 오래하며, 은
> 거할 만하면 은거하고, 벼슬할 만하면 벼슬한 분이 공자이다.
> 可以速而速, 可以久而久, 可以處而處, 可以仕而仕, 孔子也. −
> 『孟子』「萬章(下)」

처한 상황에 따라 매 순간 알맞게 대처하여 중용의 도를 지킨
자가 공자다. 물론 그것은 행위준칙을 미리 정해놓고 기계적으로
실천한 것이 아니라, 본심이 원하는 대로 행동한 것이다. 마음이
하고자 하는 대로 했다는 것은 마음 밖의 객관적인 준칙을 따르
는 것이 아니라, 본심이 매 순간 새롭게 드러낸 준칙에 따라 상황
에 맞게 행동하였다는 것을 의미한다. 그래서 맹자는 공자를 조화
로운 음악을 상징하는 '금성옥진金聲玉振'으로 비유하였다. 음악을
연주할 때 쇳소리를 울려 시작하고[金聲] 옥소리로 거두어 끝내는
데[玉振], 음악을 연주하는 동안 각기 다른 악기가 조화를 이루듯
공자가 매 순간 적절하게 생각하고 행동하여 조화를 이루었다는
것이다. '시우時雨'라는 말이 있다. 봄철 모내기가 한창일 때 내리
는 비는 하늘이 도운 '고마운 비'이지만, 장마철에 쏟아지는 비는
하늘도 무심한 '망할 놈의 비'이다. 같은 비라도 상황에 따라 호칭
이 달라진다.

인간다움을 실현하는 경지에 따라 성인聖人과 현인賢人으로 구

분하는데, 한글에서는 모두 '어진 사람'으로 번역한다. 흥미롭게도 '어질다'는 말에는 중용의 의미가 내포되어 있다. 한글에서 움푹 들어간 곳을 '어서리'라고 하고, 뾰족하게 튀어 나온 곳을 '모서리'라고 한다. '어질다'는 품을 활짝 열고 나아가는 의미이고, '모질다'는 뾰족하게 닫혀 있는 모습을 의미한다. 따라서 '어진 사람'이란 품을 활짝 열고 새롭게 규정되는 행위준칙을 추구하며 매 순간 바르게 생각하고 행동하는 성인을 의미한다. 물론 때에 맞는 도는 단순히 양 끝단의 중앙을 일률적으로 잡거나 양쪽 무게를 동일하게 측정하는 수평저울의 중中이 아니다. 안이한 타협이나 절충은 중이 될 수 없다. 무게에 따라 무게추를 움직여 균형을 찾는 막대저울의 중이 그것이다. 이를 '권도權道'라고 한다. '권權'은 인간의 행위준칙인 도를 시간과 공간에 따라 새롭게 규정할 수 있도록 저울질 하는 것이다.

일찍이 공자는 우禹임금이 치수의 중책을 맡고 세 번이나 자기 집을 지나치면서 들어가지 않고 백성구제에 힘을 쏟았는데, 어질다고 하였다. 또 안연顏淵이 난세를 만나 함부로 나아가지 않고 물러나 수신에 힘을 쏟았는데, 어질다고 하였다. 맹자가 보기에 나아감과 물러남의 각기 다른 행위를 두고 모두 어질다고 평가한 것은 천하를 한 몸으로 여기는 선한 마음을 실천하였기 때문이다. 맹자는

우임금과 안연이 입장을 바꾸어 보면 모두 동일한 선택을 했을 것이다.

易地卽 皆然 -『孟子』「離婁(下)」

　라고 추론하였다. 우임금의 치수에 대한 행적을 두고 맹자는 물의 성질에 따라 물길을 내어 바다를 저수지로 삼았다고 기록하고 있다. 때로는 자기 나라의 중앙으로 물길이 지나가더라도 성인은 그것을 피해라고 생각하지 않았다는 것이다. 반면 백규白圭는 물의 성질을 어겨 이웃 나라를 물구덩이로 삼았다고 한다. 그 나라 사람들은 피해를 입지 않아 잘했다고 평가할지 모르나, 오직 자기 나라의 평안만을 생각하고 이웃 나라의 고통은 고려하지 않았기에 잘못이다.

　혹자는 〈사서〉에서 규정한 의가 본심에 내재되어 상황에 맞게 드러나는 도덕 준칙이므로, 보편적으로 적용 가능한 객관성이 결여된다고 비판한다. 그러나 미리 설정해 놓은 잣대는 변화에 능동적으로 대처하지 못하거나 자칫 고리타분한 가치를 강요할 수 있다. 의는 마음 밖에 있는 것이 아니라 내면의 본심에 기초하여 규정되며, 반드시 상황에 맞게 드러나는 중용의 가치이다.

5-4. 어진 마음에 기초하는 보편 준칙

상황에 따라 변화하는 인간다움의 바른 길인 의는 천지만물을 일체로 여기는 '측은지심惻隱之心'을 기초해야 성립이 가능하다. 『논어』에 기록된 섭공葉公과 공자가 주고받은 '직궁直躬'의 고사는 행위 기준의 의와 어진 마음의 인의 상관관계를 잘 보여준다. 섭공은 아버지가 양을 훔치자 아들이 고발했다는 사례를 들어 정직의 개념을 설파하였다. 법을 위반한 아버지를 친정親情에 이끌려 숨겨주는 것은 범법행위를 돕는 행위라고 본 것이다. 그런데 공자의 대답은 달랐다.

> 우리 고을의 정직한 자는 이와 다르다. 아버지는 자식을 위해 숨겨주고 자식은 아버지를 위해 숨겨주니, 정직함은 그 가운데 있다
>
> 父爲子隱, 子爲父隱, 直在其中. ―『論語』「子路」

몇몇 학자는 아버지와 자식이 도둑질과 같은 비도덕적 잘못을

서로 숨겨주는 행위가 못마땅했는지, '양攘'을 직접 훔치고 도적질하는 '도盜'와 다르다고 풀이하였다. 남의 닭이나 개가 스스로 들어온 것을 취하듯 '어떤 계기가 있어 가로채는 것[유인이도有因而盜]'이 '양攘'의 의미라는 것이다.(『論語正義』).

하지만 『맹자』에는 도둑질 차원이 아니라 살인까지 저지른 아버지를 등에 업고 도망친다는 예화가 있다. 맹자의 제자 도응桃應은 순舜임금이 천자이고 고요皐陶가 법관인데, 순임금의 아버지 고수瞽瞍가 살인을 한다면 순임금은 어떻게 처신하겠냐고 질문한다. 맹자는 순임금은 고요에게 법대로 집행하라고 명하고서, 그날 밤 나라를 헌신짝처럼 버리고 아버지를 업고 도망가 바닷가를 따라 살았을 것이라고 대답한다.

범죄행위를 목격하면 아무리 부모자식 관계라도 '고발해야 한다[證]'는 섭공의 관점은 사람과 사람 사이를 어떠한 관련성도 없는 독립적 개체로 간주한 데서 비롯된 사유다. 범죄행위를 한 자가 나와 아무런 관련이 없는 '남'이라고 생각하면 관용과 이해의 여유는 비집고 들어올 틈이 없다. 책임과 처벌을 먼저 생각하는 것이 사람들의 일반적인 성향이다. 사회를 독립된 개체의 집합으로 보는 현대사회의 개인주의적 사유와 합헌주의에 기초한 민주주의의 관점에서 보면 섭공의 언급은 매우 타당해 보인다. 법을 가정에까지 예외 없이 실천하여 삶의 구석구석까지 사회정의를 실현하는 것은 법치사회의 모범사례이기 때문이다.

범법행위는 사회질서를 무너뜨리는 정의롭지 못한 행위라는 것을 모를 리 없었을 텐데, 공자는 아버지가 도둑질을 했을 경우 자식은 숨겨주어야 한다고 하였다. 평소 부당한 방식으로 세금을 거두어들여 부를 축적하는 자가 있다면 제자라도 문하에서 내쳤고, 정직한 사람을 천거하는 일이 위정자爲政者가 해야 할 급선무임을 강조하였던 그가 부모자식 사이에서는 '서로 숨겨주라[相隱]'는 난해한 선택을 한 것이다.

'숨겨주라[隱]'는 권고는 상대방에 대한 '안타까운 마음[惻隱之心]'이나 '남에게 차마하지 못하는 마음[不忍人之心]'이 드러난 것이다. 남이 위험한 상황에 처하거나 고통을 받게 되면 저절로 내가 그러한 것처럼 공감[sympathy]의 감정이 싹트는 것이 인간다움의 본질이다. 맹자가 순임금이 살인을 저지른 아버지 고수를 숨겨주었을 것이라 판단한 것도, 순임금의 안중에 피해자나 천하 사람들이 없었던 것이 아니라, 조건 없는 사랑이 인간의 본질이기 때문에, 도덕적 경지와 무관하게 누구나 쉽게 느끼고 실현 가능한 자연스런 감정에서 옳은 행위를 추구하고자 한 현실적인 노력이었다.

부모가 자식을 사랑하는 자애慈愛나 어려서 부모를 섬기는 효심孝心은 강제하지 않아도 실천한다. 그런데 자연스런 감정을 억압하고 타율적인 법적 제재를 통해서만 사회를 재건하려 하면, 의라는 명목 하에 부모 자식 간에 감시와 밀고가 난무하고 남의 일에 전혀 관심두지 않아, 온정溫情이 사라진 사회 분위기를 초래할 수 있다. 물론 측은한 마음은 가족이나 소수에게 제한되지 않는다. 진정성 있는 감정을 지속해서 드러나게 하면, 아버지에 대해 안타깝게 여기는 마음은 상해를 입은 피해자에까지 자연스럽게 미치는 것이 정상이다.

피해자에 대한 공감의 마음은 '기간幾諫'이라는 방식으로도 표현된다. 은미하게 간언하라는 권고는 숨겨주는 행위가 옳음[義]이 아니라, 숨겨주는 행위 가운데 옳음이 도출된다는 것을 의미한다. 숨겨주면서도 피해자의 상황을 안타까워하고, 부모의 잘못을 지속적으로 간언하며 자각하게 유도해야 한다. 맹자는 부모님의 허물이 큼에도 적극적으로 말리면서 잘못을 원망하지 않으면, 결국 관계가 더욱 소원해져 부모님을 친히 여기는 '친친親親'을 해치는 것이므로, 불효에 해당한다고 말하기도 하였다.

〈사서〉에서 말하는 의는 아버지가 양을 훔쳤을 때 자식이 안타깝게 여겨 숨겨주는 마음과 같이 부모와 자식 사이에 자연스럽게 드러나는 어진 마음[仁心]에 기초하여 규정된다. 마음에서 자연스럽게 발현되는 무조건적인 사랑이 전제되지 않은 정의는 오히려 타율적이고 위선적인 태도를 불러올 수 있다. 내면의 선험적인 도덕에 기초하여 상황에 맞게 드러난 정의라야 보편성과 특수성이 충돌되지 않는 중용의 도덕 기준이 될 수 있다.

6장

인간다움 실현을 위한 수양 :
근본에 뜻 두기, 지본志本

6-1. 우리에게 가장 귀한 것

우리는 일상을 살면서 종종 착각을 한다. '착각錯覺'은 마주한 대상을 실제와 다르게 느끼거나 생각하는 것을 의미한다. 마주한 사실을 있는 그대로 보지 못하니 관계가 틀어지기도 하고 피해를 입기도 한다. 물론 착각이 꼭 나쁜 것만은 아닐 것이다. 때로는 능력이 부족함에도 스스로 잘났다고 착각하고 긍정적으로 생각하여 어려움을 극복하는 경우도 있다.

우리는 일상을 살면서 희미한 사진처럼 기억을 망각하기도 한다. '망각忘却'은 알고 있던 사실을 잊어버리는 것을 의미한다. 누군가와 했던 약속이나 할 일을 잊어버려 낭패를 보는 경우가 있다. 역시 망각도 모두 나쁜 것만은 아닐 것이다. 편견이나 좋지 않은 기억을 잊어버려 과거에 얽매이지 않고 지금 이 순간에 집중할 수 있게 하는 이점도 있다.

"나의 생은 앞으로 얼마나 남아 있을까?"라는 질문을 던져보자. 40년? 60년? 아마 평균수명에 따라 그렇게 계산했을 것이다. 최근 보건복지부 발표에 따르면, 한국의 평균수명은 2030년에

81.9세에 이르러 세계 최고 수준의 장수국가가 된다고 한다. 급속한 경제성장으로 의료 수준과 영양 상태가 크게 발달되었기 때문이다. 요즘은 100세 시대라고 하니, 어쩜 20대 청년 대학생들의 입장에서 보면 아직 80여 년이 더 남아 있을 수도 있다.

그런데 이것은 명백한 착각이다. 정확한 답변은 "나는 언제 죽을지 모른다!"일 것이다. 그런 일이 있어서는 안 되겠지만, 우리가 언제 어디서 갑작스러운 죽음을 맞이하게 될지 아무도 모른다. 평균수명은 그저 수명에 대한 인구의 평균치일 뿐이고, 개별적인 상황을 말해 주는 것은 아니다. 어떤 사람은 태어나는 순간 세상과 이별하기도 하고, 어떤 사람은 120세 천수天壽까지 누리기도 한다.

역사적으로 장수하거나 단명한 사람은 있었지만, 단 한 명도 죽지 않고 영생한 사람은 없었다. 인간은 유한한 삶을 살고 있다는 것은 분명한 사실이다. 그럼에도 우리는 여전히 죽음이 나와는 무관한 일이고, 인생은 삼세판을 할 수 있는 시간적 여유가 충분하다고 착각하고 시간을 허비하곤 한다. "우리의 삶은 지금 이 순간이 마지막일 수 있다!"라는 사실을 명심해야 한다.

만일 불치병에 걸려 나에게 고작 일주일의 시간이 주어진다면, 나는 무엇을 할까? 어떤 사람은 너무 황망한 나머지, 은행을 털어서 쓸 돈을 확보하여 여행 가서 먹고 싶은 거 다 사먹고 사고 싶은 거 다 사본 뒤 생을 마감하겠다고 할 수 있다. 어떤 사람은 친구들과 반, 가족들과 나머지 반, 그렇게 좋아하는 사람들과 시간을 보내며 이별을 준비하고 싶다고 말할 수 있다. 공통적인 특징은 다

람쥐 쳇바퀴 돌 듯 매일 우리가 살고 있던 삶의 방식대로가 아니라, 그간 하고 싶었던 일을 절실하게 하면서 생을 마감하려 한다는 것이다. 유한한 삶에 대한 자각은, 망각했었던 혹은 착각했었던 나의 '귀한 것'을 다시금 자각하게 한다.

인류의 문명을 바꿔놓은 애플의 CEO 스티브 잡스(Steave Jobs)는 췌장암 진단을 받고 치료를 받는 도중, 2005년 스탠포드 졸업식에서 '죽음'에 대해 이야기를 했다.

17세 이후 33년간 매일 아침 거울을 보면서, 자신에게 말했습니다. "만일 오늘이 내 인생의 마지막 날이라면, 내가 오늘 하려는 것을 할까?" 그리고 여러 날 동안 그 답이 "아니오"라는 것으로 이어질 때, 나는 어떤 것을 바꿔야 한다는 것을 알게 되었다. …… 내가 곧 죽을 것이라는 것을 생각하는 것은, 내가 내 삶에서 큰 결정들을 내리는 데 도움을 준 가장 중요한 도구였다. 모든 외부의 기대들, 모든 자부심, 모든 좌절과 실패의 두려움, 그런 거의 모든 것들은 죽음 앞에서는 아무것도 아니기 때문에, 진정으로 중요한 것만을 남기게 된다.

For the past 33 years, I have looked in the mirror every morning and asked myself: "If today were the last day of my life, would I want to do what I am about to do today?" And whenever the answer has been "No" for too many days in a row, I know I need to change something. …… Remembering that I'll be dead soon is the most important tool I've ever encountered to help me make the big choices in life. Because almost everything — all external expectations, all pride, all fear of embarrassment or failure - these things just fall away in the face of death, leaving only what is truly important.

죽음을 마주하는 자는 유한한 삶 속에서 자신이 가장 가치롭게 여기는 것이 무엇인지 성찰하고, 그것을 실현하기 위해 노력한다는 것이다.

영화 '버킷리스트[The Bucket List]'는 두 명의 시한부 환자들이 죽기 전에 하고 싶은 일의 목록을 작성하고 여행을 떠나 겪는 이야기로 구성되어 있다. '눈물이 날 때까지 웃기', '낯선 사람 도와주기' 등의 목록을 지워나가는 모습을 보며, 바쁜 일상에 치여 하고 싶은 것을 뒤로 미루고 살던 우리의 모습을 돌아보게 한다.

『맹자』는 말한다.

사람마다 자기에게 귀한 것이 있지만, 생각하지 않을 뿐이다.
人人有貴於己者 弗思耳. -『孟子』「告子(上)」

사람들은 모두 귀한 존재가 되고 싶은 마음이 있는데, 경제적인 부富와 정치적인 귀貴를 귀한 것으로 착각하고는 남이 나에게 그것을 주면 귀하게 될 수 있는 기회를 얻었다고 좋아한다. 맹자는 진晉나라에서 경卿의 자리에 있던 조맹趙孟이 귀하게 했을지라도,

그가 언제건 다시 천하게 할 수 있다고 말한다. 남이 나를 귀하게 해 준 것은 영광으로 여길 만한 것이 아니다.

죽음을 앞둔 순간, 하고 싶은 '소욕所欲'과 바라는 '소망所望'은 육체적 욕구나 물질적 욕망을 맹목적으로 추구하는 것이 아닐 것이다. 선험적으로 내재된 인간다움의 근거인 '선한 마음'이 귀한 것이다. 그 마음은 나와 남을 하나로 여기고, 상황에 맞게 그것을 드러내는 생생生生과 시중時中의 감정이다. 자기 안에 있는 이런 선한 마음을 귀하게 여기고, 그것을 실천하기 위해 노력하는 것이 인간다움의 실현이다.

그래서인지 옛 선현들은 스스로의 묘지명을 쓰며 죽음을 대면하고 자신의 삶을 다스리곤 했다. 다산茶山 정약용丁若鏞은 환갑을 맞이하며, 스스로에게 건네는 생의 마지막 고백인 「자찬묘지명自撰墓誌銘」을 저술하였다. 마지막 부분에서 그는 이렇게 말한다.

> 내 나이 예순이다. 나의 인생, 한 갑자甲子 60년은 모두 죄에 대한 뉘우침으로 지낸 세월이었다. 이제 지난날을 거두려고 한다. 거두어 정리하고 생을 다시 시작하려고 한다. 진정으로 올해부터 빈틈없이 촘촘하게 내 몸을 닦고 실천하며, 저 하늘이 나에게 던지는 지상의 명령, 나의 본분이 무엇인지 돌아보면서 여생을 마치리라.

육경六經과 사서四書를 통해 수기修己의 방법을 모색하고, 『경세유표經世遺表』, 『목민심서牧民心書』와 『흠흠신서欽欽新書』의 일표이서一表二書를 통해 치인治人의 대안을 고민하여, 인간다움을 완성하기 위해 자신의 혼을 바친 다산이다. 자찬묘지명을 작성하여 자신의 삶에 대한 회고와 죽기 전에 이루고 싶은 소망을 끊임없이 성찰한 다산의 태도에 고개가 절로 숙여진다.

『논어』에서는

> 새가 죽을 때에는 울음소리가 구슬프고, 사람이 죽으려 할 때는 말이 착하다.
> 鳥之將死, 其鳴也哀, 人之將死, 其言也善. –『論語』「泰伯」

고 말한다. 새와 같은 동물은 육체적 삶이 전부이니 생을 마감하는 순간 가장 귀한 것을 잃는 것이므로 슬피 우는 것이라 볼 수 있다. 반면 인간다운 삶을 살고 있는 사람의 마지막 말은 선할 수밖에 없다.

"아빠 사랑해"
"그동안 못해줘서 미안해"
"엄마한테도 전해줘 사랑해"
"엄마 내가 말 못할까봐 보내 놓는다 사랑한다"

여전히 아픈 기억으로 남아 있는, 세월호 사건으로 사망한 학생들이 마지막 순간 보낸 문자들이다. 죽음의 순간, '사랑한다', '고맙다', '미안해'라는 작별 인사가 마지막 말이 된다. 죽음을 앞둔 상황에서 유한한 삶에 집착하거나 슬퍼하는 것이 아니라 선험적으로 내재된 선함 마음을 전하는 것, 그것이 학생들이 마지막 순간에 절실하게 하고 싶었던 것이었던 같다.

6-2. 뜻을 세운 선현 율곡

오천원짜리 지폐에는 율곡栗谷 이이李珥의 초상이 새겨져 있다. 13세 때 진사 초시에 장원급제하고 21세 때 한성시에 수석으로 합격하여 온 나라에 이름이 알려지기 시작한 이래, 모두 아홉 번이나 대소 과거에 모두 장원급제하여 '구도장원공九度壯元公'으로 불린다. 호조좌랑으로 벼슬길에 나아간 후, 대사헌, 대제학, 호조판서, 이조판서, 병조판서 등 요즘으로 치면 경제부총리, 국방장관 같은 요직을 맡아 나라에 봉사했다. 왜적의 침입에 대비하기 위해 10만 양병설을 주장한 것으로도 익히 알려져 있다. 벼슬은 판서로 세상을 호령하였고, 학문은 대가로 세상에 이름났지만, 율곡은 정당하지 않은 재물이나 잘못된 색욕에는 전혀 관심 두지 않고 매우 청빈하고 경건한 삶을 이어갔다.

한 번은 해주 석천石潭에 집을 지어 친척들을 모아 함께 산 적이 있었는데, 식구가 한때는 백 명에 가까웠다. 정작 율곡 자신은 끼니를 잇기가 어려워 죽으로 겨우 때워 나갔고 점심은 굶는 때가 많았다고 한다. 이 소식을 들은 재령군수 최립崔岦이라는 친구가 쌀을 보내오자 율곡은 받지 않고 돌려보냈다. 친구의 것이면 받았을 테지만, 쌀은 관가의 물건이므로 받지 않은 것이다. 또 부제학의 벼슬에서 물러나 고향 파주로 내려가 있을 때 최해성崔海城이라는 사람이 찾아가 저녁 대접을 받은 적이 있었다. 반찬이 너무 없어 먹기가 거북했던 그가 어떻게 이렇게 궁핍한 생활을 견디는지 묻자, 율곡은 "날이 저물면 찬 없는 밥도 거북함을 모른다네."라고 대답하고 거친 나물 반찬에 보리밥을 맛있게 먹었다고 한다.

율곡은 49세의 나이에 죽음을 맞이하였다. 세상을 떠난 후, 집에는 한 말의 곡식도 한 자의 베도 없었으며, 염습에 쓸 수의壽衣조차 마련할 수 없어 할 수 없이 친구들이 돈을 모아 장례비용을 충당했다고 한다.

가난을 좋아하는 사람은 없을 것이다. 율곡은 가난을 즐긴 것이 아니라, 정당한 이익에만 관심 두고 가난해도 가치로운 것이 무엇인지 유념하며, 그 귀한 것을 지켜나가는 참된 선비의 삶을 살았던 것이다.

27세 연하의 어린 기생을 향한 율곡의 순수한 사랑도 전해진다. 1574년 율곡 나이 39세 때 황해도 관찰사로 해주에 가게 되었는데, 한 기생이 주안상을 들고 들어왔다. 아직 관례를 올리지 않은 12살의 어린 기생 유지柳枝였다. 행동거지가 얌전하고 말투가 온순하여 자초지종을 물어보니, 유력한 선비의 딸이었으나 어린 나이에 부모를 여의고 먹고 살 길이 없어 기적妓籍에 올리게 된 것이었다. 9년 후 해주에 갔다가 유지를 다시 만났지만 촛불만 켜고 동침을 거절하였다. 세 번째 만남은 황주에 있는 누님 집을 갔다가 돌아오는 길에 어느 절에서 잠시 머물렀는데, 유지가 율곡이 그리워 절의 침소까지 찾아왔다. 사계 김장생의 기록에 의하면 함께 어울리면서도 휩쓸리지 않았다고 한다. 둘이 헤어진 후 3개월 지나 율곡이 세상을 떠났는데, 소식을 들은 유지는 율곡 묘에서 3년 시묘살이를 한 후 머리를 깎았다고 한다.

　율곡은 그날 밤늦게 문득 자신을 찾아온 유지를 들어오라 하고는 긴 밤을 함께 지새우며 장문의 시를 지었다. 병약해진 말년 율곡은 자신의 마음을 다스리며 끝내 예를 갖추었던 것이다. 유지에게 준 시는 현재 이화여대박물관에 소장되어 있다.

　　문을 닫는 건 인정 없는 일
　　같이 눕는 건 옳지 않은 일
　　가로막힌 병풍이야 걷어치워도
　　자리도 달리 이불도 달리
　　하늘님이야 어이 속이리
　　깊숙한 방에도 내려와 보시나니
　　혼인의 아름다운 기약 하지 않고
　　몰래 하는 짓 어찌 차마 하리오
　　閉門兮傷仁
　　同寢兮害義
　　撤去兮屛障
　　異牀兮異被
　　天君兮不欺

赫臨兮幽室
失氷泮之佳期
忍相從兮鑽穴

　육체적 욕망이나 물질적 욕구는 율곡에게 평생 추구해야 할 가치로운 것이 아니었다. 누가 보든 보지 않든, 인간다움의 길을 굳세게 걷는 것이 평생 해야 할 임무라고 생각한 것이다.

　율곡의 이런 실천적 삶은 이미 청소년 시기에 시작된다. 율곡 선생님 하면 저절로 떠오르는 인물이 있다. 바로 오만원권 지폐에 새겨져 있는 어머니 신사임당이다. 율곡은 1536년 강원도 강릉 오죽헌에서 태어났다. 검은 대나무가 집 주변을 둘러싸고 있어 '오죽헌烏竹軒'이라 불렸다. 율곡이 탄생하던 날, 신사임당 꿈에 검은 용이 바다에서 집으로 날아 들어와 '몽룡실夢龍室'이라 이름 붙여 지금도 옛날 모습 그대로 남아 있다.

　어머니 사임당은 뛰어난 재주와 어진 성품을 갖춘 분으로, 특히 시문과 그림에 일가를 이루었다. 산수, 포도, 풀, 벌레 등을 잘 그려, 사임당이 그린 '초충도草蟲圖'는 조선 최고의 여류화가의 작품으로 칭송받고 있다. 율곡은 사임당의 극진한 사랑과 엄격한 교육을 받아, 학문이 일진월보日進月步했고, 인격 역시 맑고 깨끗하게 형성되었다. 8세 때에는 임진강을 바라보며 「화석정시花石亭詩」를 지었고, 10세 때 경포대에 올라 장문의 「경포대부鏡浦臺賦」를 지어 신동으로 이름나기 시작하였다.

　그런데 율곡은 16세 때 인생의 큰 역경을 겪게 된다. 스승이자 어머니인 사임당 신씨가 홀연 세상을 떠난 것이다. 율곡은 인생에 대해 깊은 회의에 빠지게 되었고, 3년간 사임당 묘전에 시묘한 후 봉은사에 입산하여 불서를 탐독한 후, 뜻한 바 있어 다시 19세가 되던 해 봄에 머리를 깎고 금강산으로 들어가 스님이 되었다. 꼬박 1년 동안 불경 공부에 몰두하여 불교의 이론에 통달하였는데, 죽음이란 무엇이고 산다는 것이 무엇인지 해답을 찾지 못하여, 결국 산을 내려와 유학 공부에 매진하였다.

율곡이 하산하여 강릉 오죽헌으로 돌아온 이후 20세에 스스로를 경계하는 글인 '자경문自警文'을 지었다. 모두 11조목으로 이루어져 있으며, 첫 문장이 '입지立志'로 시작한다.

첫째, 입지立志
뜻을 크게 가지고 성인을 본받되, 조금이라도 미치지 못하면 더욱 노력해야 한다.

여섯째, 소제욕심掃除慾心
이로움을 탐하는 마음을 버리고 욕심을 버려라.

열한 번째, 용공지효用功之效
공부는 죽은 뒤에야 끝나는 것이니 서두르지도 않고 늦추지도 않아야 한다.

'입지'는 뜻을 세우는 것이다. 첫 단추를 잘 꿰어야 나머지 단추들이 제자리를 찾을 수 있다. 잘못 꿰맨 단추는 어색하고 불편하다. 삶도 마찬가지다. 자신과 주변을 힘들게 하면서까지 꿈을 찾겠다고 단추를 다시 꿰매는 것도 자기답게 살지 않고 있는 모습을 스스로 감내하지 못하기 때문이다. 자기가 좋아하는 것이 무엇이고 편안해 하는 것이 무엇인지 마음에 절실히 물을 필요가 있다. 자기 길을 찾는 '입지'가 우선이다.

6-3. 곧바로 그리고 굳세게 행하기

청년세대들에 대한 호칭은 시대에 따라 달라져 왔다. 요즘 청년들은 'N포족'이라 지칭하기도 한다. 'Natural Number'의 자연수만큼 포기하는 세대를 의미하는데, 포기하는 개수에 따라 '삼포족·오포족'으로 부른다. 경제적인 문제와 사회적인 잣대로, 연애부터 결혼, 자녀까지 선택이라고 여기는 '삼포족'이 늘어나고 있고, 바늘구멍만큼 좁은 취업의 문과, 월급으로는 꿈도 꿀 수 없는 높은 집값으로 취업과 내 집 마련을 포기하는 '오포족'도 생겨나고 있다.

국가와 사회가 절망하는 청년들과 시민들을 위해 사회제도의 문제해결을 위해 최선을 다해야겠지만, 그럼에도 우리는 자신에 대한 꿈과 희망의 끈은 놓지 말아야 한다. 때로는 자신의 꿈과 희망을 위해 다수가 바라는 다섯 가지를 포기할 수도 있다. 그렇다면 그것은 포기가 아니라 의미 있고 용기 있는 선택이다. 꿈꾸지 않고 희망을 품지 않으면 주어지는 대로 살게 된다. 배움은 스스로 자신의 삶에 주인이 되어야 한다는 전제를 기초한다.

"쇠뿔도 단김에 빼라"는 속담이 있다. 든든히 박힌 소의 뿔을 뽑으려면 불로 달구어 놓은 김에 해치워야 한다는 뜻으로, 어떤 일이든지 하려고 생각했으면 한창 열이 올랐을 때 망설이지 말고 행동으로 옮겨야 함을 비유한 말이다. 자신의 꿈과 희망을 명확히 했으면, 바로 시작해야 한다. 꿈은 실행으로 옮겨야 현실이 될 수 있다. 『논어』에서는

> 비유하자면, 땅을 고르는 데 흙 한 삼태기를 부어서 진행했더라도 나는 이미 나아간 것이다.
> 譬如平地, 雖覆一簣, 進, 吾往也 ─『論語』「子罕」

라고 하였다. 움푹 파인 구덩이를 메우는 일을 단번에 해내기는 사실상 어렵다. 뜻을 세웠으면 결과가 미미하더라도 주저하지 말고 실천해야 한다. 뿌리를 먼저 튼튼하게 내려야 줄기가 나고 잎이 무성해질 수 있다. 화려하고 웅장한 모습은 행하는 과정 속에서 저절로 얻어지는 결과이다. 하고 싶고, 할 수 있는, 쉬운 것부터 시작해야 한다.

공자는 "아래로 일상의 도리를 배워서 위로 하늘의 도에 통달한다."[下學而上達]고 하였다. '하下'는 아래로 시선을 두었을 때 마주하게 되는 일상생활의 일을 의미한다. '상上'은 위로 시선을 두었을 때 마주하게 되는 하늘을 지칭하며 하늘의 이치를 의미한다. 성인처럼 하늘의 이치에 통달하는 위대한 경지는 단번에 이룰 수 없다. 자연스런 감정에서 시작되는 행동의 동력에서부터 시작하

면, 중단하지 않고 지속할 수 있다.

물론 '작심삼일作心三日'이란 말이 있다. 자신이 원하는 일, 해야만 하는 일을 지속적으로 해내기 어려우니 생겨난 말로 짐작된다. 크건 작건 자신을 성장시키기 위해 뜻을 세웠다 하더라도 처음 마음을 지켜내지 못하거나 타협하고 있는 자신을 보면 자책하게 된다. 맹자는 본래 가지고 있는 것을 망각하고 함부로 행동하여 스스로 포학하게 하는 '자포自暴'자와는 함께 대화 나누기 어렵고, 할 수 있음에도 할 수 없다고 스스로 한계 짓는 '자기自棄'자와는 함께 일을 도모하기도 어렵다고 말하였다. 스스로를 믿고 굳세게 나아가야 한다.

『중용』에서는

남이 한 번에 해내면 나는 백 번의 노력을 기울여 해내고, 남이 열 번에 해내면 나는 천 번의 노력을 기울여 해낸다.
人一能之, 己百之. 人十能之, 己千之.

고 하였다. 어떤 이는 태어나면서 능력이 출중한 자가 있고, 어떤 이는 배우면 할 수 있는 자가 있고, 어떤 이는 자질이 부족하여 부단한 노력 끝에 비로소 가능한 자가 있다. 출발 지점은 다를 수 있다. 천재적 재능을 지닌 사람은 자신의 재능만 믿고 노력을 기울이지 않아 성과를 내지 못할 수 있다. 또 능력이 선천적으로 부족한 자는 자포자기自暴自棄하여 중도에 하차할 가능성도 있다. 시작이 다르다고 우쭐대거나 주눅들 필요는 없다. 성인과 같은 최고 경지에 이르는 것은 누구에게나 공평하게 기회가 열려 있다.

공자는 '명을 알지 못하면 군자가 될 수 없다.'[不知命, 無以爲君子] 고 하였다. 명命은 운명·천명 등으로 풀이되는데, 객관적 한계를 뜻하기도 한다. 자신의 한계는 부단히 노력한 사람만이 알 수 있다. 마지막까지 최선을 다한 자는 자신의 운명도 천명도 알게 된다.

2021년 치러진 도쿄 올림픽에 한 손 없는 폴란드 탁구선수 나탈리아 파르티카(32)가 눈길을 끌었다. 오른손이 없는 선천적 장애에도 장애는 장애일 뿐이라며 서브 넣을 때 오른 팔꿈치 앞쪽 사이에 공을 끼워 넣은 뒤 왼손으로 서브를 넣었고, 활발한 몸놀림을 보여줬다. 그녀는 올림픽 출전에 대해 "장애에 대한 질문을 10년 넘게 받고 있는데 좀 지겹다"며 "나는 비장애인 선수들이 하는 모든 것을 다할 줄 안다. 장애는 내게 아무런 의미가 없다"고 말했다. 16강 복식에서 한국 선수들과 맞서 5세트까지 가는 접전을 펼쳤고, 11-11에서 내리 2점을 내주며 세트스코어 2-3으로 패했지만 불굴의 투혼은 많은 사람들에게 감동을 주었다.

『논어』에서는

비유하자면 산을 만드는 데 흙 한 삼태기가 모자라 이루지 못하고 그만두더라도, 나는 이미 그만둔 것이다.
譬如爲山, 未成一簣, 止, 吾止也. -『論語』「子罕」

라고 하였다. 가짜 산을 만드는 일은 어렵다. 중장비가 없으면 삼태기로라도 자기 분수에 맞게 흙을 옮겨야 결실을 볼 수 있다. 그런데 마지막 한 삼태기를 채우지 못하고 그만두게 되면 그것은 중도에 포기한 것과 같다. 마지막 순간까지 최선을 다해야 한다. 부단한 노력을 통해 자신의 꿈을 도전하면 감동의 깊이는 동일하다. 자포자기하지 말고 자신의 힘에 맞게 최선을 다하는 노력, 그것이 위기지학爲己之學을 완성하는 유일한 길이다.

7장

인간다움 실현을 위한 수양 :
배움 좋아하기, 호학好學

7-1. 배움에 빠진 공자 후예

『논어』를 보면 공자는 배움을 좋아하는 '호학好學'에 대해 강조하였고, 스스로 '배우되 싫증내지 않았다'[學而不厭]고 하였다. 어떻게 해야 배움을 좋아하고 또 싫증내지 않을 수 있을까?

공자의 후예답게 동아시아에는 공부 관련 고사가 많다. '현량자고懸梁刺股'라는 말이 있다. '현량懸梁'과 '자고刺股'가 합쳐진 성어인데, '현량'은 한漢나라 손경孫敬의 고사에서 유래하였고, '자고'는 전국시대 소진蘇秦의 고사에서 유래하였다.

> 손경의 자는 문보이다. 학문을 좋아하여 새벽부터 저녁까지 쉬지를 않았다. 잠이 오고 피곤하면, 끈으로 머리를 묶어 집 안 들보에 매달았다.
> 孫敬字文寶. 好學, 晨夕不休. 及至眠睡疲寢, 以繩繫頭, 懸屋梁. -『漢書』

소진은 책을 읽다가 잠이 오면 송곳으로 넓적다리를 찔렀는

데 피가 발까지 흘렸다.

讀書欲睡, 引錐自刺其股, 血流至足. -『戰國策』

피곤하면 눕고 싶고 잠을 자야 몸이 견딜 수 있을 텐데, 자는 시간도 아까워 잠을 이겨내며 시간을 절약해 공부한 손경과 소진의 고사는, 같은 방식은 아니더라도 여전히 수많은 학생들을 잠 못 들게 하며 영향을 주고 있다.

'형설지공螢雪之功'이란 고사성어도 유명하다. 형화螢火와 영설 映雪이 합쳐진 성어이다. 형螢은 '형화螢火'의 준말로, 개똥벌레의 불빛으로 공부하였다는 차윤車胤의 고사에서 찾아볼 수 있다.

차윤은 공손하고 부지런하며 널리 배우고 다방면에 통했는데, 집이 가난하여 항상 기름을 얻을 수 없자 여름철에 명주 주머니에 수십 마리의 개똥벌레를 넣어 책에 비춰 가며 밤낮을 가리지 않고 책을 읽었다.

胤恭勤不倦, 博學多通, 家貧不常得油, 夏月以練囊, 盛數十螢 火以照書, 以夜繼日焉. -『晉書』

설雪은 '영설映雪'의 뜻으로, 눈빛에 비추어 공부하였다는 손강 孫康의 고사에서 찾아볼 수 있다.

손강은 집안이 빈한하여 항상 눈빛에 비추어 책을 읽었다.

孫康家貧, 常映雪讀書. -『初學記』

환경 탓에 공부 못한다는 말이 변명처럼 들릴 정도로, 불우한 환경을 극복하며 공부에 매진한 차윤과 손강의 고사는 여전히 영향을 주고 있다. 후학들은 기꺼이 서재의 창과 책상을 형창螢窓·설안雪案으로 명명하고 공부에 매진하곤 한다.

우리나라에도 공부벌레라 칭할 수 있는 선현들이 있었다. 김득신金得臣은 "『백이전』은 1억 1만 3천 번을 읽었고, 『노자전』, 『격물보망장』은 2만 번을 읽었다. …… 갑술년(1634)부터 경술년(1670) 사이에 『장자』와 『사기』, 『대학』, 『중용』은 많이 읽지 않은 것은 아니나, 읽은 횟수가 만 번을 채우지 못했기 때문에, 『독수기讀數記』에는 싣지 않았다."고 술회하였다. 억億은 오늘날의 10만이므로, 『백이전』을 11만 3천 번 읽었다는 것이다.

훗날 다산은 백곡栢谷 김득신의 『독수기』를 몸소 실천해 보고, 「김백곡독서변金栢谷讀書辨」을 지었다.

백곡 김득신은 자신의 「독수기」에 여러 책을 읽은 횟수를 기록했는데, 『사기』「백이전」을 무려 1억 1만 3천 번이나 읽었다고 했다. 또한 사서와 삼경, 『사기』와 『한서』, 『장자』 그리고 한유의 문장 등 여러 책 가운데 어떤 것은 6만 내지 7만 번씩 읽었는데, 아무리 적게 읽어도 수천 번씩은 된다고 했다. 이렇게 보면 문자와 책이 존재한 이후 위아래로 수천 년과 종횡으로 3만 리를 모두 뒤져보아, 부지런히 독서한 사람으로는 단연코 김득신을 으뜸으로 삼을 만하다. 그런데 곰곰이 생각해 보면, 아무리 독서를 잘하는 선비라고 해도 하루 동안

「백이전」을 100번 넘게 읽기는 힘들다. 하루에 100번을 읽는다면 1년 동안 3만 6천 번을 읽을 수 있다. 3년으로 계산하면 겨우 1억 8천 번을 읽을 수 있다. 그러나 3년의 세월 동안 병을 앓거나 사람들과 왕래나 문답이 어떻게 없을 수 있겠는가? 더구나 김득신은 진실한 마음으로 부지런히 도리를 실천하는 군자였다. 어버이를 효도로 섬겨 아침저녁으로 부모의 안부를 묻고 살폈으며, 맛있는 음식으로 봉양하는 일에 아낌없이 시간을 썼을 것이다. 그렇다면 4년의 세월이 걸리지 않고는 도저히 1억 1만 3천 번을 읽을 수 없다는 결론이 나온다. 이처럼 「백이전」을 읽는 데만도 4년의 세월이 걸렸는데, 어느 겨를에 그토록 많은 책을 수천, 수만 번씩이나 읽었다는 말인가? 진실로 감탄하지 않을 수 없다. 추측해 보건대, 「독수기」는 김득신이 직접 쓴 것이 아니고, 그가 죽고 나서 누군가가 전해들은 말을 기록한 것으로 생각된다. …… 김득신이 읽었다는 한유의 문장과 사마천의 사기 또한 전체 내용을 가리킨 것이 아니라 일부 내용을 말한 것일 것이다. 물론 이 또한 장한 일이라고 할 만하다.

　『독수기』를 쓴 백곡 김득신도 대단하지만, 그것을 몸소 행해보고 독서 횟수가 사실인지 검증하려 했던 다산도 공부에 미치지 않고서 과연 가능한 일일까 하는 생각도 든다. 실로 선현들은 배움에 빠져 공부의, 공부에, 공부를 위한 삶을 살았다 해도 과언이 아닐 것이다.

7-2. 흔들리는 배움의 전당

"오늘 흘린 침은 내일 흘릴 눈물"

어느 고등학교 교실에 붙어 있던 급훈이라고 한다. 비장한 각오에 웃음이 나면서도, 공부전쟁의 최전선에서 오늘도 힘겨워할 학생들을 생각하면 안쓰럽다. 빠르면 초등학교 입학하는 순간부터, 옆 눈 가린 경주마처럼 성공을 위해 한눈팔지 말고 입시의 긴 터널을 통과하기 시작한다. 밤마다 대형 입시학원의 좁은 입구는 야구경기가 끝난 후 통로를 비집고 빠져나오는 관중처럼 학생들로 붐빈다. '이름값'을 높이기 위해서다. 자본주의 사회에서 제품에 물건 값을 붙이듯 사람에게 이름값 붙이는 일은 자연스러운 일이 되어버렸다. 문제는 대학 가면 해결될 줄 알았던 이름값 높이기의 열풍이 스펙 쌓기 노력으로 지속되고, 취업 후에도 직장에서 살아남기 위한 경쟁으로 계속된다는 것이다. 그래서인지 최근 배움의 전당이 흔들리고 있다. 학점과 스펙, 연구와 논문이 대학의 목적이 된 지 오래다. 인격적 소통과 교감은 기대하기 어렵고, 차가운

관계 속에서 성공을 위한 경쟁에 매진한다.

몇 해 전 한 학생이 '자발적 자퇴'를 선언하였다. 꿈을 품고 진학한 대학이 진리도 우정도 정의도 없는 죽은 대학이었음을 고백하였다.

> 친구들을 넘어뜨린 것을 기뻐하면서, 나를 앞질러 가는 친구들에 불안해하면서, 그렇게 '명문대 입학'이라는 첫 관문을 통과했다. 그런데 이상하다. 더 거세게 채찍질해 봐도 다리 힘이 빠지고 심장이 뛰지 않는다. 지금 나는 멈춰 서서 이 트랙을 바라보고 있다. 저 끝에는 무엇이 있을까? '취업'이라는 두 번째 관문을 통과시켜줄 자격증 꾸러미가 보인다. 이제야 나는 알아차렸다. 내가 달리는 곳이 끝이 없는 트랙임을.(김예슬 지음, 『오늘 나는 대학을 그만둔다, 아니 거부한다』)

다치바나 다카시는 『도쿄대생은 바보가 되었는가』에서 도쿄대가 찻잔과 같은 전문적 바보를 양산해왔다고 진단한다.

> 일본의 대학생은 교실 좌석에 배열되어 있는 '찻잔' 같은 존재이다. 교사는 '주전자'를 이용하여 계속해서 지식을 '찻잔'에 따르는데, 그 찻잔의 용량 따위는 완전히 무시된다.(다치바나 다카시 지음, 이정환 옮김, 『도쿄대생은 바보가 되었는가』)

진리에 대한 열정과 도덕적 책임은 책 속에나 있는 이야기가 되어 버렸다. 곳곳에서 대학에 대한 자성과 비판의 목소리가 흘러나온다. 수술대에 올려 근본적인 수술을 하지 않으면 대학은 편협한 사고에 매몰되고 부도덕한 행위를 등한시하여, 사회문제를 일으키는 인재를 양산하는 기구로 전락할 수도 있다는 위기감 때문이다.

우리는 왜 공부를 하는 것일까? 배움의 전당 대학은 어떠해야 하는 것일까? 쓸모 있는 상품으로 간택되지 않는, 인간의 길을 선택하기 위해 대학을 거부하였다는 한 학생의 선언, 일본 대학의 지적 망국론을 지적한 책 등은 우리에게 배움은 무엇이고, 대학은 어떠해야 하는지 숙고의 과제를 남겼다.

7-3. 참 나를 위한 배움, 위기지학

"배워야 사람 노릇 하지!"
"It is never too late to learn."

배움과 관련된 동서양의 속담이다. 시공時空이 달라도, 사람이면 누구나 배워야 하고 죽는 순간까지 배움이 지속되어야 한다는 생각은 동일하다는 것을 알 수 있다. 흥미롭게도, 동양고전『논어』의 첫 문장도 배움으로 시작한다.

배우고 때때로 익혀라.
學而時習之.

갑골문에서 '학[學]'은 집 안[宀]에서 아이들[子]이 두 손[臼]으로 새끼 매듭[爻] 짓는 법을 모방하는 것을 형상하고 있다. 신과 같은 초월적 존재에 맹목적으로 의존하는 것이 아니라, 주체적인 의지를 발현하여 선현들의 축적된 지혜를 배우는 것이 중요함을 강조한 것이다. 물론 '배움[學]'은 새가 하늘을 날기 위해 부단히 힘쓰는 '익힘[習]'의 과정이 수반되어야 한다. 그래서 『논어』는 배움을 익힘과 합쳐 '학습'으로 규정한다.

한국에서는 '학습'을 '공부工夫'라고 말하기도 한다. 고대의 '工'은 땅을 다질 때 쓰던 돌 절굿공이를 형상하였다. 절굿공이로 땅을 다지듯 학문이나 기술을 배우고 익히는 것이 공부이다. 인간다움을 지향하는 인간이 해야 할 급선무가 배움의 뜻인 '학습', 혹은 '공부'라는 것이다.

공자는 당시 사람들이 배움을 대하는 태도를 두 가지로 구분한 바 있다.

> 옛날 배우는 자들은 자기를 위해 공부하였는데, 지금 배우는 자들은 남을 위해 공부한다.
> 古之學者爲己, 今之學者爲人. ―『論語』「憲問」

'위인爲人'은 남을 이롭게 하기 위해 공부한다는 것이 아니라, 남의 시선이나 외부 기준에 부합하기 위해 공부한다는 것을 의미한다. 남에게 보여주기 위한 공부는 대가를 바라기 때문에 과정은 참고 견뎌야 한다. 세상이 정한 기준에 맞추는 공부는 수단화된 도구에 지나지 않는다. 기준에 미치지 못하거나 기준이 바뀔 경우 피로감을 느끼거나 의미를 찾지 못한다.

'위기爲己'는 이기적인 목적을 위해 공부하는 것이 아니라 자기다움을 완성하기 위해 공부한다는 것을 의미한다. 선현들은 자기를 위한 학문을 인간다움의 길인 '도道'를 알고 실천하는 도학道學으로 규정하였다. 도학은 진리를 추구하여 자기 삶을 완성하는 것을 지향한다. 겉만 꾸미고, 바깥을 쫓으며, 명성이나 구하고, 명예나 취하려는 공부는 군자가 추구할 공부가 아니다. 마음으로 깨닫고 몸으로 실천하는 공부가 자기를 완성하는 위기지학인 것이다.

퇴계는 군자가 힘써야 할 공부가 위기지학임을 강조하며 다음과 같이 말하였다.

> 군자의 학문은 자기를 위할 뿐이다. 자기를 위한다는 것은 …… 인위적으로 함이 없음에도 그러한 것이다. 예컨대 깊은 산 무성한 숲에 있는 난초는 종일토록 향기를 피우지만 자신이 향기를 발한다는 것을 알지 못한다. 난초의 이러한 삶은 군자가 힘쓰는 위기지학의 뜻과 똑같다.
>
> 君子之學, 爲己而已. 所謂爲己者, …… 無所爲而然也. 如深山茂林之中, 有一蘭草, 終日薰香而不自知其爲香, 正合於君子爲己之義. ―『退溪集』「言行錄」

위기지학을 실천하는 군자는 난초가 저절로 꽃을 피우듯, 남에게 향기를 자랑하기 위해 꽃을 피우는 것이 아니라 아무런 사의나 작위도 없이, 그저 '천성天性' 그대로 꽃을 피우고 향내를 풍기는 자기 함양의 노력을 한다. 그러니 자기를 완성한 군자에게는 난초처럼 향기가 난다. 매일마다 묵을 가까이 한 사람에게 묵향墨香이 나고, 매일마다 책을 가까이 한 사람에게 서향書香이 나듯, 위기지학을 한 군자에게는 덕향德香이 난다.

『공자가어孔子家語』에서도 난초의 고아高雅한 자태를 군자에 비유하였다.

> 지란은 깊은 숲속에서 자라는데
> 사람이 없다고 향기를 발하지 않지 않네.
> 군자는 도를 닦고 덕을 세우는데
> 곤궁해도 절의를 꺾지 않는다네.
> 芝蘭生於深林, 不爲無人而不芳
> 君子修道立德, 不爲困窮而敗節

진陳나라와 채蔡나라 사이에서 일주일 동안 아무것도 먹지 못할 정도로 곤경에 빠져 있는 공자에게 제자들이 불만을 토로하였는데, 공자는 산 속 깊은 곳에 홀로 자라나는 난초와 같이 남의 시선과 평가에 일희일비一喜一悲하지 않고 천성대로 도를 닦고 덕을 세우는 자기완성이 중요함을 말하였다. 그러므로 위기지학은 '참 나'와 마주하는 공부여야 한다.

'참 나'란 나의 자연스런 모습, 나다운 모습을 의미한다. 장미꽃이 인기가 있다고 하여 안개꽃이 빨갛게 염색하고 가시를 달아 장미꽃이 될 수 없다. 장미꽃은 장미꽃대로, 안개꽃은 안개꽃대로 자기 모습을 꽃피워야 아름답다. 자기 모습을 부정하고 남의 시선이나 기준에 나를 바꾸면 오히려 역효과가 생길 수 있다.

애플의 CEO Steave Jobs는 말한다.

다른 사람의 삶을 사느라고 시간을 허비하지 마십시오. 과거의 통념, 즉 다른 사람들이 생각한 결과에 맞춰 사는 함정에 빠지지 마십시오. 다른 사람들의 견해가 여러분 자신의 내면의 목소리를 가리는 소음이 되게 하지 마십시오. 그리고 가장 중요한 것은, 당신의 마음과 직관을 따라가는 용기를 가지라는 것입니다.

Don't be trapped by dogma — which is living with the results of other people's thinking. Don't let the noise of others' opinions drown out your own inner voice. And most important, have the courage to follow your heart and intuition.

'나다움'은 다른 사람들의 시선이나 사회적인 통념에 나를 맞추느라 시간 낭비하는 것이 아니다. 나의 마음에서 자연스럽게 울려오는 '직관'에 귀 기울이고, 그 모습대로 살아가는 것을 의미한다. 내가 좋아하는 모습대로 나를 가꾸니 귀함[貴]과 천함[賤]의 구분은 있을 수 없고, 나는 유일한 존재가 된다. 물론 마음에서 우러나오는 '직관'이 모두 옳은 것은 아니다. 때론 나 혼자만의 욕심, 혹은 잘못된 생각일 수 있다. 그러므로 자연스런 감정이 타자와의 조화로운 공존을 이루는 순선한 감정인지 살펴야 한다.

오케스트라는 관악기·현악기·타악기 등 여러 가지 악기로 이루어진 합주다. 각각의 악기들이 자기 소리를 내면서도 여러 가지 변화에 따라 다른 악기와 조화로운 소리를 낼 때 비로소 아름답다는 찬사를 받는다. 참 나의 '다름'을 전제하면서도 다른 존재와 조화를 이루는 '큰 나'의 모습이 바로 위기지학의 이상이다.

흥미롭게도, 위기지학의 공부는 '즐거움'을 덤으로 준다. 『논어』는 '학습'의 결과를 기쁨이라고 말한다.

배우고 때때로 익히면, 또한 기쁘지 아니한가!
學而時習之, 不亦說乎! ―『論語』「學而」

다른 사람에게 보이기 위한 공부는 기쁨을 주지 못한다. 참고 견뎌야 할 과정에 불과하다. 그러나 배움을 통해 나다움을 완성하면 결과의 좋고 나쁨과 무관하게 공부 자체가 기쁨을 줄 수 있다. 참 나와 마주하여 나의 존재 이유를 확인하는 데서 오는 기쁨이다.

게다가 '학습'의 결과는 기쁨의 확장이기도 하다.

벗이 먼 곳으로부터 오니 또한 즐겁지 아니한가!
有朋自遠方來, 不亦樂乎! ―『論語』「學而」

상대방을 진심으로 좋아하고 아껴주며 관심 가져주는 친구는 그가 힘이 세거나 돈이 많아서도 아니고 이익 될 만한 것이 있어서도 아닐 것이다. 자기답게 살면서 바른 행동을 하기에 만나고 싶어 저절로 찾게 되는 것이다. 그러니 만나면 즐겁고 뜻을 같이 하니 기쁘다.

자기 함양을 완성하는 '위기지학'은 자기다움에 충실하고 타인과의 조화로움을 이루어, 참 나와 마주하고 큰 나를 완성하는 배움이다.

8장

인간다움 실현을 위한 수양 :
마음 보존하고 본성 기르기,
존양存養

8-1. 마음의 본래 상태, 맑은 거울

중국 베이징대 심리건강교육상담센터는 '空心病'이란 개념을 제시했다. '공갈빵 증후군'으로 번역할 수 있다. 공갈빵처럼 겉은 화려하게 부풀려져 있지만 속은 텅 빈 것처럼 마음의 병을 가지고 있다는 것이다.

현대인에게 내적 불안과 관계에서 비롯되는 갈등으로 시작된 우울증은 마치 철마다 걸리는 감기처럼 일상화되고 있다. 흔한 정신질환으로 성적 저하, 원활하지 못한 대인관계, 과도한 스트레스 등의 문제들을 마주하고 있으며, 심한 경우 잘못된 선택을 하는 경우도 있다. 다행히 감기에 걸리면 경중에 따라 치료를 생각하듯, 현대인들은 우울증 등의 마음의 병을 감추거나 혼자 앓으며 끙끙대기보다 전문가의 도움을 구하는 것이 현명함을 알고 있다. 다만 마음을 어떻게 규정하느냐에 따라 마음의 감기를 치유하는 방법은 달라질 수 있다.

思無邪라고 쓰여 있다. '생각함에 사특함이 없다'는 의미이다. 공자가 당시 유행하던 시詩 삼백여 편을 수집한 후, 내용을 한 마

생각함에 사특함이 없다
출처 : 대한민국 정책브리핑

디로 요약하여 '思無邪'라고 말한 것에서 유래한다.

자세히 보면, 옆 줄 끝에 '74세 백범 김구'라는 글자가 씌어 있는 것을 볼 수 있다. 김구 선생의 친필이다. 김구 선생께서 경교장에서 총탄에 맞아 서거할 당시, 책상 위에 두루마리 상태로 놓여 있었다고 한다. 가장자리에 혈흔도 남아 있어 역사적 가치가 크다. 74세의 나이에도 불구하고, 마음가짐을 순수하게 가지려 노력했던 선생의 절실한 의지를 느낄 수 있다.

〈사서〉에서는 사사로운 뜻이 없는 맑은 마음이 인간의 선험적인 본심이라고 규정한다. 퇴계는 그런 마음을 거울에 빗대어 말하기도 하였다.

마음의 온전한 본체는 지극히 텅 비고 고요하다. 마치 맑은 거울이 사물을 비추는 것과 같다. 사물이 오면 비춰 주더라도 흔적을 남기지 않는다. 사물이 떠나면 전과 같이 텅 비고 맑다. 만일 어떤 사물에 고착되면, 거울에 진흙이 묻는 것과 같아서, 텅 비고 맑으며 고요하고 한결같은 기상을 도무지 가질 수 없다.
心之全體, 至虛至靜, 如明鏡照物. 物來則應之而不滯, 物去則

如故而虛明. 若係著一物, 如泥點鏡, 都不得虛明靜一氣象. -
『退溪集』「言行錄」

맑은 거울은 지금 마주한 대상을 비추는 것이 본질이다. 대상이
바뀌면 이전 사물의 흔적은 사라지고 새로운 모습을 드러낸다. 마
음도 거울처럼 지금 바로 여기의 주변 사물에만 반응하는 것이 본
질이다. 그러니 맹자는 잃어버린 마음을 찾는 것이 학문의 목표라
고 강조한다.

학문의 도는 다른 것이 없다. 자신의 잃어버린 마음을 찾는
것일 뿐이다.
學問之道, 無他, 求其放心而已矣. -『孟子』「盡心(上)」

본래 맑은 거울에 먼지와 때가 겹겹이 쌓이면 닦아야 거울 기능
을 할 수 있듯, 잃어버린 마음을 회복해야 인간의 구실을 할 수 있
다. 처음에는 온 힘을 들여 닦아 내야만 때 한 겹을 겨우 벗겨 낼
수 있지만, 두 번 세 번 닦기를 반복하면 힘을 점차 적게 들여도
거울을 맑게 할 수 있을 것이다.
가끔 등산하다 산 정상에서 반려견을 잃어버려 애타게 찾고 있
는 글을 볼 수 있다. 어떤 전단지에는 애정을 듬뿍 주던 강아지가
어느 날 갑자기 사라지니 잠도 안 오고 입맛도 사라졌다는 내용도
있다. 맹자는 당시 사람들도 잃어버린 닭과 개를 찾기 위해 백방
으로 다니며 수소문하는 사람들을 본 모양이다. 동물 아까운 줄은

아는데 자기 잃어버린 본심 아까운 줄은 모른다며, 누구나 알아들을 수 있는 말로 마음 수양을 경시하는 세태를 꼬집어 비판한다.

『대학』에서도 마음의 감기와 같이 잃어버린 심리 상태를 다음과 같이 표현한다.

> 마음이 있지 않으면, 보아도 보지 못하고, 들어도 듣지 못하며, 먹어도 그 맛을 알지 못한다.
> 心不在焉, 視而不見, 聽而不聞, 食而不知其味.

'마음이 있지 않다'는 것은 관심을 두지 않는다는 의미일 수 있지만, 여기서는 본래 마음을 상실한 상태를 의미한다. 본심을 잃어버려 지금 바로 여기를 비출 수 없으니, 마주하는 대상을 정확히 인식하지 못하고 관념 속에 살게 된다는 것이다. 거울처럼 맑은 본심을 회복하는 것, 그것이 마음의 감기를 치유하고 나를 바로 세우는 비결이다.

8-2. 마음 다스리기의 경

우리는 하루에 얼마나 자신의 마음을 돌아보고 있을까? 하루 일과를 마치면 좀 정신적인 여유가 있겠다 싶지만, 집에 돌아오는 길 내내 스마트 폰에 빠져 있다. 집에 오면 또 미디어에 정신없이 시간을 보낸다. 그나마 잠이 있어 쉴 수 있지만 잠조차 설치는 사람이 많다고 하니, 어쩌면 우리 마음은 한시도 쉴 틈 없이 번잡하게 활동하고 있는지도 모른다.

내쉬는 숨이 있으면 반드시 들이마시는 숨이 있어야 한다. 들숨이 있어야 다시 내쉴 여유가 생긴다. 마음의 무게를 덜어낸다고 다짐하더라도 문제는 어느 순간 다른 곳에 가 있고, 텅 비었다 싶었는데 어느 순간 욕심으로 가득 차 있는 자신을 발견하게 된다. 현대인의 마음은 혼잡하다 못해 뜨겁기도 하고 무겁기도 하다. 과감한 마음공부가 절실하다.

공자는 네 가지 폐단이 없어 마음이 고요했다고 말한다.

사사로운 의도가 없고 반드시 그래야 한다는 것도 없으며 고집하는 것도 없고 자기에만 갇히는 것도 없다.

毋意, 毋必, 毋固, 毋我. -『論語』「子罕」

여기서 '무毋'는 '~하지 말라'는 금지사가 아니라, '없다'는 뜻의 '무無'와 같은 의미로 쓰였다. 공자는 도덕경지가 높아 이 네 가지 마음의 폐단이 없었다는 것을 말한다. 의意는 사사로운 의도이고, 필必은 반드시 그래야만 한다고 여기는 것이다. 일이 발생하기 전에 마음에서 일어나는 것으로, 사사로운 의도가 일어나면 점차 반드시 그래야 한다는 마음으로 확장되곤 한다. 고固는 고집하는 것이고, 아我는 자기에만 갇히는 것이다. 일이 발생한 후에도 마음에 남아 있는 편견으로, 고집하는 것이 있으면 점차 자기에만 갇히게 된다.

과거 있었던 일에 대한 고착화된 편견, 혹은 미래 발생할 일에 대한 사사로운 예단은 때가 낀 거울처럼 지금 이 순간을 바로 보지 못하게 하는 원인이 된다. 율곡은『성학집요聖學輯要』에서 이러한 잘못된 생각을 '부념浮念'이라 규정하였다.

"배우는 사람이 노력해도 가장 효과를 보기 어려운 것이 부념이다. 악념惡念이 가득 차 있더라도 진실되게 선을 행하는 데 뜻을 두면, 이를 다스리기는 쉽다. 오직 부념은 아무 일이 없을 때 갑자기 일어났다가 홀연히 사라져 마음대로 할 수 없는 점이 있다."

부념은 말 그대로 떠다니는 생각이다. 과거의 편견이나, 미래의 예단같이 현실과 전혀 무관하게 자기 안에 맴돌고 있는 쓸데없는 생각인 것이다. 쓸데없는 생각이 머릿속을 어지럽힐 때, 그런 생각이 나는 것을 싫어하면 정신은 더 어지럽게 된다. 부념이 일어났음을 알아차리고 가볍게 물리친 후, 마음을 수습하고 다시 부념에 이끌리지 않도록 경계해야 한다.

율곡은 이러한 부념 제거의 방법으로 '경敬'을 강조하였다. 경은 '주일무적主一無適'의 의미로, 하나에 집중하고 다른 곳에 마음 두지 않는 것을 뜻한다.

> 이른바 경으로 함양한다는 것은 다른 말이 아니라, 다만 적적 寂寂한 상태에서 망념을 일으키지 않고, 성성惺惺하여 아무런 혼매함도 없게 하는 일일 뿐이다.
> 所謂敬以涵養者, 亦非他術, 只是寂寂不起念慮, 惺惺無少昏昧 而已. －『聖學輯要』「修己」

'적적寂寂'은 고요하기만 하여 모든 의식이 사라져버린 '적멸'의 상태를 말하는 것이 아니라, 물결도 일지 않은 잔잔한 호수 또는 티끌도 없는 맑은 거울처럼, 과거의 고착된 편견이나 미래의 잘못된 예단 등의 잘못된 생각들을 일어나지 않게 하는 것을 의미한다. 마음이 혼잡하지 않고 고요해야 마주한 대상을 왜곡 없이 비출 수 있다. '성성惺惺'은 마음을 초월한 절대자와 직접 대면하는 것이 아니라 마음에 내재된 본성의 기상을 느끼는 것이다. 본성은 드러나는 감정을 통해 자각된다. 타자와 크게 하나 되는 살림, 상황에 들어맞는 시중의 감정이 그것이다. 그래서 마음 본체의 기상은 내면의 순수 자아로부터 뻗어져 나오는 밝은 빛을 의미한다.

혼잡한 마음을 수습하고 쓸데없는 생각을 잠재우면, 어느 순간 외부 사물을 바르게 비출 수 있는 맑은 마음이 있음을 자각할 수 있다. 그래서 『중용』에서는

군자는 보이지 않는 것에도 삼가고, 들리지 않는 것에도 두려워한다.
君子, 戒愼乎其所不睹, 恐懼乎其所不聞.

고 하였다. 보이지 않고 들리지 않는 것은 마음 안에 내재되어 있는 본성의 자리이다. 선과 악을 판별하는 감시카메라가 밖에 있는 것이 아니라 마음 안에 본래 갖추어져 있다는 자각만으로도, 생각과 행동이 조심스럽고 두려울 수 있다.

선현들은 주일무적의 경 공부를 위해 서예를 활용하기도 하였다. 임금에게 경서經書를 강의하던 김창협金昌協은 마음을 하나에 집중할 수 있어야 학문을 할 수 있다고 숙종肅宗에게 말한다.

점 하나를 찍을 때는 마음이 다만 한 점 위에 있어야 하고, 한 획을 그을 때에는 마음이 다만 한 획 위에 있어야 합니다. 이것이 이른바 주일무적主一無適입니다. ―『숙종실록』

한 점을 찍고 한 획을 그을 때 마음도 붓에 따라 그 순간에 집중하면, 혼잡해진 마음이 어느새 차분해져서 현재를 제대로 볼 수 있는 본심이 회복된다는 것이다.

또한 당시 불교의 영향으로 정좌가 보편적으로 유행하여, 선현들은 고요한 가운데 본심의 상태를 자각하기 위한 공부수단으로 정좌수행을 선택하기도 하였다. 정좌 수행은 마음이 한 순간에 천리 밖으로 달아나기도 하고 잠깐 사이 과거와 미래를 왔다 갔다 하므로, 청명하고 안정된 마음 상태를 길러 마치 바람과 구름처럼 아무런 걸림 없이 지금 바로 여기에 맑은 마음이 자재하게 하는 것을 목표로 한다.

현대사회에서 정좌 수행은 대중적이지 않지만, 여전히 지금 바로 여기에 집중하기 위한 다양한 시도들이 이루어지고 있다. 일례로 철마다 걸리는 감기처럼 일상화되고 있는 마음의 병을 치료하고 편안한 삶[Well-bing]을 추구하려는 현대인들의 갈증이 증대되면서, 스스로의 마음 상태를 알아차리는 명상에 관심이 쏠리고 있다.

동양의 전통 명상을 심리치료에 본격적으로 응용한 것은 서양 의학계였다. 1967년 미국 하버드 의과대학 허버트 벤슨(Herbert Benson) 교수는 달라이라마와의 만남을 통해 '이완반응[Relaxation response]'을 임상에 처음 도입하였고, 1980년 미국 매사추세츠 의과대학 존 카밧진(John Kabat-Zinn) 교수는 '마음챙김에 기초한 스트레스 완화와 이완 프로그램[Mindfulness-Based Stress Reduction and Relaxation Program]'을 고안하여 현재 미국 내 병원을 포함한 건강

관련센터에서 실시하고 있다. 물론 잡념을 떨쳐버리는 명상에는 정적靜的인 명상도 있지만, 동적動的인 움직임 속에서 내면의 마음을 확인하는 방식도 존재한다. 산책도 가능하고, 요가나 스트레칭 같은 것도 대안일 될 수 있다.

과거 선현들은 '도인법導引法'을 수련하기도 하였다. '도인'이란 말은 우리 사회가 전적으로 서구화의 길을 선택하기 100년 전만 해도 지금의 요가나 스트레칭처럼 시골 선비면 누구나 쉽게 접하던 단어였다. 도인이란 용어는 『장자』에 나온다. 후인들은 "기를 소통시켜 조화롭게 하고, 몸을 뻗어 부드럽게 하는 것"[導氣令和, 引體令柔]이 도인이라고 풀이한다. 탁기를 내뱉고 맑은 공기를 받아들여 내기內氣를 조화롭게 하고, 장시간 긴장 상태나 굳어 있는 근육과 관절을 부드럽게 풀어줘 정기精氣가 활발하게 운행되도록 하여 생명력을 되찾는 고인들의 건강법이다.

다산도 유배기간 동안 실학의 정신에 기초한 경전 해석의 노력을 기울이다 몸이 상해, 마음 다스리는 공부와 함께 도인법을 해보겠다고 말하기도 하였다.

> 도인법이 분명 유익하다는 것을 알면서도, 12년 동안 새벽에 일어나고 밤이 깊어 잠자리에 들면서 육경 연구에 힘쓰다 보니 할 겨를이 없었습니다. 이제 다행히 육경 연구를 마쳤으니, 방 하나를 깨끗이 청소하고 아침저녁으로 틈을 내어 도인법에 유념하려 합니다.
>
> 導引法必知其有益, 而十二年晨興夜寢, 慥慥於六經之事, 無暇

爲此. 今六經幸而卒業, 當淨掃一室, 朝乾夕惕之暇, 留意導引.
―『茶山詩文集』「答仲氏」

　선현 퇴계도 몸과 마음의 병이 발생하게 된 원인을 기의 순환이
원활하지 못하고 마음에 풀리지 않는 응어리가 있기 때문이라고
보고, 『활인심방活人心方』을 지어 몸과 마음을 다스렸다. 활인심방
이란 사람이 병드는 것을 예방하고 활기찬 생활을 하도록 해주는
요법이다. 퇴계의 친필로 전해지는 이 책은 1973년 후손의 손에
의해 『퇴계선생유묵』이라는 제목으로 출판되었다. 본래 활인심방
은 중국 명나라 주권朱權이 지은 『활인심』 상하 두 권 중 상권을
퇴계선생이 친필로 그림까지 그려가며 운동 방법과 횟수 등을 상
세하게 설명한 것이다.

　물론 도인법은 기의 순환에만 초점을 두는 것이 아니다. 움직임
을 통해 지금 바로 여기에 마음을 집중하며, 외부 대상을 향해 질
주하는 마음을 거두어들여 감정의 소비를 멈추고, 잘못된 생각을
비워내어 내면의 선한 마음을 확인하는 수양 공부의 하나이다.

　마음의 힘은 무한하다. 어떤 마음을 먹느냐에 따라 자신의 몸
뿐만 아니라 주변 존재도 영향을 받는다. 혼잡한 마음을 가라앉
히고, 하루에 단 5분 만이라도 지금 바로 여기에 오롯이 집중하여
거울과 같이 맑은 마음을 회복하는 수양 공부가 중요하다. 그러면
주변을 향한 차갑고 치우친 마음이 줄어들고 따뜻하고 바른 마음
이 자리할 수 있다. 그 시작에 마음을 다스리는 경 공부가 있다.

8-3. 몸 가꾸기의 경

미군 해군 제독 윌리엄 맥레이븐(William H. Mcraven)의 텍사스대 졸업식 영상은 1만뷰를 넘은 것으로 유명하다. 여기에서 그는 습관의 힘을 강조하였다.

세상을 바꾸고 싶은가? 그럼 침대부터 정리하라. 일상의 사소한 일들을 제대로 하지 못하면, 큰일은 절대 해낼 수 없을 것이다.

『아주 작은 습관의 힘[Atomic Habits]』의 저자 제임스 클리어도 한 가지 습관만 지속해서 실행해도 성공할 수 있다고 강조한다. 이불 정리는 하루를 시작하는 첫 실천이다. 작은 출발이지만, 나를 혁신하는 거룩한 일이기도 하다.

선현들도 소학공부를 통해 일상에서의 좋은 습관 형성을 중시하였다. 한훤당寒暄堂 김굉필金宏弼은 사람이 살아가는 데 필요한 모든 가르침은 『소학小學』에 들어 있다며 평생 소학 공부를 중시하고 스스로를 '소학동자小學童子'라 부르기도 했다. 퇴계는 그를 '도학의 조종祖宗'이라 추앙하고, 학문의 시작을 소학에서 해야 한다고 강조하였다. 『소학』은 도덕규범 가운데 기본적이고 필수적인 내용을 가려 뽑은 것으로 구성되어 있어 수양 공부의 입문서와 같은 구실을 하였다.

행동은 생각에서 나오고, 습관은 행동이 쌓여 형성된다. 행동과 습관의 차이는 인위성과 자연성일 것이다. 일반 사람들이 의식하지 않고 자연스럽게 좋은 행동을 하는 것은 습관의 힘이다. 『소학』 공부는 자신도 모르게 즉각적인 실천으로 이어지게 하여 본성을 함양하는 효과를 불러온다.

그래서 선현들은 우선 생각부터 바로잡아 행동을 삼가고, 행동을 반복적으로 실천하여 좋은 습관 기르는 것에 힘썼다. 마음을 집중하고 있다 싶었는데 어느 순간 다른 곳에 가 있고, 텅 비었다 싶었는데 어느 순간 욕심으로 가득 차 있기도 하다. 혼잡한 마음을 거두어 들여 맑은 마음의 준비상태를 이루는 공부도 필요하지만, 본성의 현현은 즉각적인 행동으로 이어지므로, 좋은 습관을 만드는 것이 본성을 기르는 방법의 하나다.

아홉 가지 바른 행동에 대해 유념할 것을 주문한 '구사九思'는 『논어』에 나온다.

봄에는 분명하게 할 것을 생각하고, 들음에는 총명하게 할 것을 생각하며, 얼굴빛은 온화하게 할 것을 생각하고, 용모는 공손하게 할 것을 생각하며, 말은 참되게 할 것을 생각하고, 일은 경건하게 할 것을 생각하며, 의심남에는 물을 것을 생각하고, 분함에는 어렵게 될 것을 생각하며, 얻음을 보면 옳음을 생각하라.

視思明, 聽思聰, 色思溫, 貌思恭, 言思忠, 事思敬, 疑思問, 忿思難, 見得思義. ‒『論語』「季氏」

'구용九容'은 아홉 가지 용모에 대한 기준으로, 『예기』에 나온다. 율곡은 구용을 몽학들을 일깨우기 위해 만든 『격몽요결』에 수록하였다.

발은 무겁게 놀리고

足容重

– 가볍게 움직이지 말라는 것이다. 만일 어른 앞에서 빨리 행동할 때는 이것에 구애받지 말아야 한다.

(不輕擧也. 若趨于尊長之前, 則不可拘此.)

손은 공손히 두어야 한다.

手容恭

– 손은 아무렇게나 놓아두지 말아야 한다. 아무런 일이 없으면 단정히 모으고 있어야 하며, 쓸데없이 움직이지 말아야 한다.

(手無慢弛. 無事, 則當端拱, 不妄動.)

눈은 단정히 떠야 한다.

目容端

– 눈과 속눈썹을 바르게 가져야 한다. 볼 때는 눈동자를 바르게 하여
야 하며, 옆으로 흘겨보거나 곁눈질하지 않아야 한다.

(定其眼睫, 視瞻當正, 不可流眄邪.)

입은 다물고 있어야 한다.

口容止

– 말을 할 때나 음식을 먹을 때가 아니면, 입을 항상 움직이지 말아
야 한다.

(非言語飮食之時, 則口常不動)

목소리는 조용히 내어야 한다.

聲容靜

– 언제나 목소리를 가다듬어 말하고, 기침이나 하품 같은 잡된 소리
는 내지 않아야 한다.

(當整攝形氣, 不可出咳等雜聲.)

머리는 곧게 가져야 한다.

頭容直

– 머리는 곧게 몸은 바르게 하고, 한쪽으로 기울어지거나 돌리고 있
지 않아야 한다.

(當正頭直身, 不可傾回偏倚.)

기운은 엄숙하게 가져야 한다.

氣容肅

- 코로 숨쉬는 것을 조화롭게 하고, 숨쉬는 소리를 크게 내어서는 안
  된다.

(當調和鼻息, 不可使有聲氣.)

서 있는 자세는 덕이 있게 보여야 한다.

立容德

- 바로 서서 의지하지 말고, 엄연히 덕이 있는 기상을 가져야 한다.

(中立不倚, 儼然有德之氣像.)

얼굴빛은 씩씩하게 가져야 한다.

色容莊

- 얼굴빛을 항상 정돈하여 바르게 하고, 게으르거나 거만한 기색이
  없어야 한다.

(顔色整齊, 無怠慢之氣.)

"세 살 버릇 여든까지 간다"고 했듯이, 잘못된 행동이 습관으로 굳어지면 바로잡기 어렵다. 실천규범은 누구나 입장 바꿔 생각하면 동의 가능한 상식적인 행동기준이다. 일반 사람들이 반복적인 실천으로 머릿속에 있는 바른 생각을 자기 것으로 만들면, 어떤 상황에서도 즉각적이고 자연스럽게 도덕을 행할 수 있다. 몸 가꾸기를 통한 경은 인위적인 노력 없이 저절로 행동하는 본성의 함양을 유도하는 수양 방법이다.

8-4. 선현 퇴계의 몸과 마음 수양

천 원짜리 지폐 앞면에는 퇴계 선생의 초상과 매화나무, 성균관 명륜당이 새겨져 있고, 뒷면에는 겸재 정선의 '계상정거도溪上靜居圖'가 새겨져 있다.

사실 퇴계의 초상은 1974년 이유태 화백이 그린 상상화이다. 현존하는 가장 오래된 퇴계의 진영眞影은 진성이씨眞城李氏 대종회에서 2005년 발간한 『열화悅話』에 소개되어 있다. 조선시대 마지막 어진 화가 장승업張承業의 스승으로 알려진 유숙劉淑이 베껴 그린 것으로, '퇴계선생진영'이라고 쓰여 있다.

매화는 퇴계 선생이 세상을 떠나기 전 "시중드는 사람에게 매화 화분에 물을 주도록 하라[令侍人灌盆梅]"라고 말할 정도로 아낀 대상이다. 그토록 매화를 아낀 이유는 아마 추운 겨울을 이겨내고 가장 먼저 봄소식을 알려주는 고결함이, 혼잡한 세상 속에서 자기 모습을 굳세게 지켜나가기 위해 자신의 모습과 닮아 있기 때문으로 추정된다.

매화 화분은 퇴계가 세상을 떠나기 2년 전 1568년 7월, 왕위에 오른 17세의 임금 선조宣祖의 요청으로 인해 서울에 머물면서 「성학십도聖學十圖」를 지어 올릴 때 함께 하였다고 한다. 제자 김취려金就礪가 노스승의 적적함을 달래드리기 위해 매화 화분을 선물하였다고 하는데, 이듬해 1569년 3월 잠시 도산으로 내려가도 된다는 허락을 받은 퇴계가 매화화분을 서울에 놓고 오자, 스승의 마음을 안 김취려는 이를 도산으로 내려 보내 마지막 순간까지 함께 하게 하였다.

명륜당은 퇴계가 성균관에서 수학한 바 있고, 53세의 나이에 지금의 국립대학 총장에 해당하는 성균관 대사성을 역임하면서 인연을 맺고 있다. 이 시기에 훗날 한국철학의 최고 논쟁인 사단칠정논쟁을 고봉 기대승과 시작하기도 했다.

'계상정거도'는 겸재의 그림이다. '계상정거溪上靜居'는 냇가에서 조용히 지낸다는 뜻이다. 뒤에는 도산陶山이 있고 앞에는 낙천洛川이 흐르며, 서당 안에는 퇴계 선생이 책상 앞에서 앉아 있는 광경이 그려져 있다.

명종明宗은 벼슬을 사양하고 초야에 묻혀 학문에 힘을 쏟고 있는 퇴계에게 높은 벼슬을 주면서 출사出仕할 것을 여러 번 요청하였지만, 응하지 않자 그림 그리는 화공畫工을 도산으로 내려 보내 그곳 산수풍경을 그려 오게 한 후 병풍으로 제작하여 방에 펼쳐 두고 퇴계를 흠모하였다고 한다.

퇴계의 제자들이 각자 보고 들은 것을 기록한 「언행록言行錄」을 보면, 경을 실천한 퇴계의 모습을 엿볼 수 있다.

선생께서는 평소에 하루 종일 단정히 앉아서 아무리 몸이 피곤하여도 기대거나 자세를 흩트리는 일이 없었다. 가끔가다 정신이 지치면 잠시 강대에 나가서 이를 회복하거나 안석에 기대어 잠시 휴식하셨다. -「言行錄」

번화하고 소란스러운 장소에서는 사람 마음이 흔들리기 쉽다. 나는 일찍이 여기에 신경을 써서 그런 것에 의해 마음이 흔들리지 않기를 바랐다. 그러나 언젠가 의정부 사인舍人이 되었을 때, 노래 부르는 기생들이 내 앞에 가득한 것을 보자 문득 한 가닥 희열의 감정이 일어나는 것을 느꼈다. 이 순간이 바로 삶과 죽음이 갈라지는 길목이다. 어찌 두려워하지 않을 수 있겠는가? -「言行錄」

혼잡한 마음 상태에서는 내면의 맑은 마음을 자각하기 어렵다. 내면의 소리에 집중하여 거울처럼 맑은 마음을 바로세우는 것이 공부의 시작이다. 주변 환경이 소란스러우면 마음을 다스리기는 더욱 어렵다. 퇴계는 자신의 마음이 외부 환경에 이끌리어 본심을 상실한 상태를 경험하고, 더욱 마음을 수습하여 경의 상태를 유지하는 공부에 매진하였다.

한편, 68세의 나이에 어린 선조를 위해 성학실현의 요체를 담은 「성학십도聖學十圖」를 올린 퇴계는 마지막 '숙흥야매잠도夙興夜寐箴圖'를 그린 이후, 아침부터 저녁까지 시간적 순서에 따라 일상에서 어떻게 '경'을 실천할 것인지 구체적인 방법을 제시하였다.

아침에 일찍 깨어남	夙寤
닭이 울어 잠에서 깨어나면	鷄鳴而寤
생각이 차츰 일어나게 되니	思慮漸馳
그 사이에	盍於其間
조용히 마음을 정돈해야 한다.	擔以整之
혹은 지난날의 잘못을 반성하고	或省舊愆
혹은 새로 깨달은 것을 꿰어	或紬新得
차례와 조리를	次第條理
분명하게 알아야 한다.	瞭然黙識
새벽에 일어남	晨興
근본이 확립 되었으면	本旣立矣
새벽에 일찍 일어나서	昧爽乃興
세수하고 머리 빗고 옷을 갖추어 입고	盥櫛衣冠
단정하게 앉아 몸을 가다듬는다.	端坐斂形
마음을 끌어 모으되	提掇此心
밝게 떠오르는 햇살처럼 해야 한다.	皦如出日
몸을 엄숙하고 가지런히 정돈하여	嚴肅整齊
마음을 비우고 고요하게 한결같아야 한다.	虛明靜一
글을 읽음	讀書
책을 펴서	乃啓方冊
성현을 대하게 되면	對越聖賢

공자께서 자리에 계시고 　　　　　夫子在坐

안회와 증자가 앞뒤에 있을 것이다. 　顔曾後先

성현께서 말씀하신 것을 　　　　　聖師所言

친절하게 귀담아들어 　　　　　　親切敬聽

제자들의 질문과 변론을 　　　　　弟子問辨

반복하고 참고하여 바르게 고쳐야 한다. 　反覆參訂

일에 대응하기 　　　　　　　　　應事

일이 생겨 대응할 경우에는 　　　　事至斯應

실천으로 증명해야 한다. 　　　　則驗于爲

밝은 천명은 빛나는 것이니 　　　　明命赫然

항상 눈을 거기에 두어야 한다. 　　常目在之

일에 대응하고 나면 　　　　　　事應旣已

나는 예전과 같이 　　　　　　　我則如故

마음을 고요히 하고 정신을 모아 　方寸湛然

사사로운 생각을 멈추게 해야 한다. 　凝神息慮

낮에 부지런히 행함 　　　　　　　日乾

움직임과 고요함이 순환하는 것을 　動靜循環

오직 마음만은 볼 수 있으므로 　　惟心是監

고요할 때 이 마음 잘 보존하고 움직일 때 관찰하여　靜存動祭

마음이 둘 셋으로 나뉘어서는 아니 된다. 　勿貳勿參

글을 읽다가 틈이 나면 　　　　　讀書之餘

간혹 휴식을 취하고	間以游詠
정신을 활짝 펴서	發舒精神
성정을 아름답게 길러야 한다.	休養情性

저녁에도 조심함	夕惕
날이 저물어 사람이 피곤해지면	日暮人倦
나쁜 기운이 들어오기 쉬우므로	昏氣易乘
몸과 마음을 잘 가다듬어	齋莊整齊
정신을 맑게 이끌어야 한다.	振拔精明
밤이 깊어 잠을 잘 때는	夜久斯寢
손발을 가지런하게 모아	齊手斂足
아무 생각을 하지 말고	不作思惟
마음과 정신을 잠들게 해야 한다.	心神歸宿

낮부터 밤까지 자신의 정신과 기를 가다듬음	兼夙夜
밤의 기운으로 마음과 정신을 잘 기르면	養以夜氣
정이 다시 원으로 돌아올 것이다.	貞則復元
이것을 항상 생각하고 마음에 두어	念茲在茲
밤낮으로 부지런히 힘써야 한다.	日夕乾乾

또한 퇴계는 타락한 교육을 바로잡기 위해 서원書院교육에 매진하였다. 50세에 은거의 뜻을 밝힌 시에서 교육에 대한 이상을 밝히고 있다.

내 할 일은 저 높은 벼슬이 아니니, 조용히 시골 마을에서 살아가리라. 소원은 착한 사람 많아져서, 천하의 기강을 바로 잡는 일이다. -『퇴계선생문집』권1, 「和陶集飮酒」

퇴계가 꿈꾸던 서원은 지금 도산서원의 큰 규모가 아니었다. 도산서원은 퇴계가 서거逝去한 지 4년 뒤(1574), 퇴계의 학문과 덕행을 추모하기 위해 '도산서당' 뒤편에 창건되었다. 1575년 선조는 한석봉韓錫琫을 불러 현판글씨를 쓰게 하였는데, '院 ⇢ 書 ⇢ 山' 뒤에 마지막 글자인 '도陶'자를 거꾸로 불러주었다고 한다. 당대 최고 명필인 한석봉도 퇴계의 도산서원 현판이라는 사실을 알면 붓이 떨려 망칠 수 있겠다는 생각에 단어를 거꾸로 알려주었다는 것이다.

퇴계 당시 건립된 건물은 도산서당陶山書堂과 농운정사隴雲精舍, 역락서재亦樂書齋이다. 퇴계는 1549년 낙향의 뜻을 지니고 고향 안동으로 내려와 2칸짜리 계상서당溪上書堂을 짓고 학문과 교육에 열중하였다. 점차 제자들의 수가 늘어나자 더 넓은 곳에 서당을 짓기로 결심하고, 1557년 현재 도산서당 자리를 정하고 서울에 있을 때부터 설계도를 손수 작성하여 내려 보냈다고 한다. 재정적인 어려움과 설계 변경으로 터를 잡은 지 3년 만인 1560년 비로소 완성하였는데, 서당이 완성되자 퇴계는 벼슬을 그만두고 그곳으로 내려와 도산서당이라 이름 짓고 돌아가시기 전까지 10년간 이곳에 머물며 학문과 교육에 힘을 쏟았다.

도산서당은 모두 세 칸이다. '회사후소繪事後素'의 말을 토대로,

공부하는 학생이 머무는 공간에는 소박함이 우선되어야 하므로 아무런 장식이 되어 있지 않다. 중간에 있는 방 가운데, 방바닥 한 쪽이 높이 솟아 있다. 바로 책을 놓아두던 곳이다. 성현들의 지혜가 담긴 고전은 자신이 누워서 잠잘 때 머리보다 높은 곳에 있어야 한다며, 책을 소중히 여기고 존경하는 마음을 담아 퇴계가 직접 설계한 것이라고 한다.

농운정사는 제자들이 공부하며 머무는 공간이므로 성실함을 최고 가치로 삼고 공부에 힘쓰라고 '공工'자 형태로 지었다. 역락서재는 퇴계가 도산서당에서 학문을 강론할 때 제자들이 힘을 모아 세웠는데, 현판은 모두 퇴계의 친필이다.

「퇴계언행록退溪言行錄」에는 퇴계의 마지막 모습이 사진처럼 묘사되어 있다.

12월 3일, 설사를 하였다.

매화 분재를 다른 곳으로 옮기라 명하며 "매형梅兄께 불결한 모습을 보이면 마음이 편치 못하다."고 말하였다.

같은 날 병세가 위독해지자 자제들에게 명하기를 "사람들에게서 빌려온 서적의 목록을 작성하여 돌려주되 빠짐이 없게 하라." 하고, 손자 안도에게 명하기를 "전날 교정한 경주본 『심경』을 아무개가 빌려갔으니 네가 찾아오도록 하여라. 그리고 인편으로 한참봉에게 전송하여 그로 하여금 판본의 잘못된 것을 바로잡게 하는 것이 좋겠다."고 하였다.

12월 4일, 조카 녕에게 유계遺誡를 쓰라고 명하였다.
나라에서 지원하는 예장은 사양하도록 하라. 예조에서 전례에 따라 장례를 지원할 것이나, 망인의 명이라 핑계 대고 굳게 사양하라.

12월 8일, 아침, 매화 분재에 물을 주라 명하였다.
갑자기 흰 구름이 집 위로 모이고 눈이 한 치나 내렸다. 선생께서 앉을 자리를 정돈케 하고 부축을 받아 일어나 앉아 편안하게 운명하시니, 곧 구름이 흩어지고 눈이 개었다.

퇴계의 묘소는 태백산의 한 줄기가 내려와 마지막 끝나는 건지산 자락에 위치해 있다. 퇴계 선생 묘소 올라가는 왼쪽 편에 조그만 묘가 있는데, 며느리 봉화 금씨의 묘소이다. 며느리는 "내가 시아버님 아낌을 많이 받았는데 여러 가지로 부족한 점이 많았다. 죽어서라도 다시 아버님을 정성껏 모시고 싶으니, 내가 죽거든 반드시 아버님 묘소 가까운 곳에 묻어주면 좋겠다."고 유언을 남겨, 퇴계 선생 묘소 아래에 자리하게 되었다고 한다.

큰 비석은 쓰지 말라. 그저 작은 돌 앞면에 '퇴도만은진성이공지묘退陶晚隱眞城李公之墓'라고만 새기고, 뒷면에는 내가 일찍이 스스로 묘갈명을 초해놓은 것이 어딘가 있을 것이니, 그 글을 찾아서 묘갈명으로 사용하도록 하라.

퇴계의 유계遺誡이다. 그가 미리 써 둔 묘갈명은 다음과 같다.

나면서는 크게 어리석었고, 장성해서는 병도 많았네.

중년에는 어찌하다 학문을 즐겼고, 만년에는 어찌하다 벼슬도 받았네.

학문은 구할수록 멀기만 하고, 벼슬은 물리칠수록 얽혀들기만 하네.

세상에 나아가서는 실수도 많았지만, 물러나 숨으면서 곧아졌다네.

나라 은혜에 부끄러움이 깊었고, 성인의 말씀은 두렵기만 하였네.

…

근심 가운데 즐거움이 있었고, 즐거운 가운데 근심도 있었네.

이제 자연의 조화를 타고 돌아가려니, 다시 무엇을 구하겠는가.

生而大癡, 壯而多疾.

中何嗜學, 晩何叨爵.

學求猶邈, 爵辭猶嬰.

進行之跆, 退藏之貞.

深慙國恩, 亶畏聖言.

……

憂中有樂, 樂中有憂.

乘化歸盡, 復何求兮.

169

마지막 순간까지 인간을 넘어 천지자연과 하나 되는 모습을 보여주고, '착한 사람이 많아지는 소원'[所願善人多]을 이루기 위해 '시골로 물러나 늦은 나이 은거를 했던 이씨의 묘退陶晚隱眞城李公之墓'라는 소박하고 겸손한 그의 삶은, 현재를 살고 있는 후학들에게 여전히 많은 귀감이 되고 있다.

9장

인간다움 실현을 위한 수양 :

마음 살피고 다잡기, 성찰省察

9-1. 생각부터 바르게

우리 마음은 쉼이 없다. 끊임없이 생각을 드러낸다. 과거에 대한 편견, 미래에 대한 예단같이 현재와 무관하고 혼자만의 세계에 갇힌 망상妄想도 있지만, 대상과 마주하는 순간 드러나는 현재적인 생각도 있다.

외부 사물과 마주하기 전에 마음을 차분하게 하여 잘못된 망상을 가라앉히는 미발未發 공부는 마주한 대상을 온전히 비출 수 있는 토대를 마련한다. 그러나 사물과 감응하면서 마음은 여전히 잘못된 생각을 드러내곤 한다. 나쁜 악취를 맡으면 싫어하고 예쁜 꽃을 보면 좋아하는 것이 사람들의 일반적인 성향인데, 예쁜 꽃을 싫어하고 나쁜 악취를 좋아하기도 한다. 이런 성향이 반복되면 나쁜 생각이 오히려 자연스럽고 좋은 생각이 어색하게 느껴질 수 있다.

사물과 만나 생각이 드러나는 이발已發의 때에는, 생각이 옳은지 그른지 살펴보고 옳은 생각은 굳세게 간직하되 그른 생각은 과감히 제거하는 노력이 필요하다. 마음이 외부 사물과 감응할 때 드러나는 생각이 '의意'이므로, 생각부터 살피고 참되게 하는 공부가 '성의誠意'이다. 성의 공부는 '신독愼獨'이라고도 한다. '독獨'은 남은 알지 못하지만 자신은 알고 있는 곳[人所不知而己所獨知之地]을 지칭한다. 홀로 있는 공간만을 지칭하는 것이 아니라, 남은 볼 수 없지만 자신은 알고 있는 내면의 생각을 가리킨다. 마음속에 드러난 생각에서부터 선과 악을 구분하고 선한 생각을 지켜내는 공부가 신독이다.

　신독의 수양을 통해 생각이 바르게 되면, 몸과 마음이 평화롭게 될 뿐만 아니라 주변 사람들과의 만남도 조화롭게 된다. 생각이 바르지 못하면 불안과 우울 등의 상태를 유발하는데, 생각이 바르니 마음이 고요하고 편안하여 몸의 균형 역시 깨지지 않는다. 또한 인간의 모든 행동은 생각에서 비롯되는데, 선한 생각은 바른 행동으로 이어질 수 있다. 바른 행동이 쌓이면 저절로 덕德이 형성된다. 『대학』에서는 부유함은 집을 윤택하게 만들지만, '덕윤신德潤身'이라 하여, 선한 마음을 실천하여 형성된 인덕仁德은 얼굴 표정과 말투, 몸짓 모두를 품격 있게 하고 빛이 나는 사람으로 변화시킬 수 있다고 한다. 좋은 사람 옆에 가면 말로 표현할 수 없지만 좋은 기운을 느끼게 되어 기분이 절로 좋아지는 경험을 한 적이 있을 것이다. 선한 마음이 온 몸으로 드러나고 있기 때문에 마치 '아우라'와 같이 고고한 분위기가 그 몸을 감싸고 있는 것이다.

　나아가 지도자가 생각을 바르게 하여 선한 생각을 간직하게 되면, 그 영향은 매우 클 수 있다. 『대학』에서는 왕도정치를 펼쳤던 나라는 다른 것을 국보로 삼은 것이 아니라 오직 선善을 국보로 삼았다고 한다. 또 천하를 이롭게 하기 위해서는 먼저 마음을 바르게 해야 한다[正心]고 하였고, 마음을 바르게 하기 위해서는 우선적으로 마음에 드러난 생각이 옳은지 그른지 분별하여, 생각을 진실되게 하는 노력이 중요하다고 하였다. 정치의 핵심은 생각이 드러나는 이발己發의 순간 뜻을 살펴 마음을 바르게 하는 성의 공부에 있는 것이다.

실제 『논어』를 보면, 성군으로 불리는 요임금은 순임금에게 정치 요법을 제시하며,

> 하늘의 이치가 너의 몸에 있으니, 진실로 그 중을 잡도록 하라.
> 天之曆數在爾躬, 允執其中.

고 말한 기록이 있다. 크게 하나 되는 대동사회의 실현은 복잡한 정치이론을 학습하거나 타율적인 법령을 준수하는 데 있는 것이 아니라, 만물의 이치가 마음 안에 내재되어 있음을 유념하고 마음을 성찰하여 중용의 이치를 지켜나가는 것이 핵심이라는 것이다.

『서경』에는 순임금이 우임금에게 전한 정치 요법이 기록되어 있다.

> 인심은 오직 위태롭고 도심은 오직 은미하니 정밀하고 한결같게 하여, 진실로 그 中을 잡아라.
> 人心惟危, 道心惟微, 惟精惟一, 允執厥中.

순임금은 요임금이 전한 '윤집궐중允執厥中'에 12글자를 추가하여 선한 마음을 정밀하게 분별하고 그 마음을 전일하게 지켜나가는 마음 수양의 중요성을 강조하였다. 선현들은 인심人心을 형기形氣의 사사로움에서 비롯된 것으로, 도심道心을 성명性命의 바름에서 근원한 것으로 규정한다. 마음이 외부 사물을 마주하며 생각을 드러내는 순간, 개체나 소수에 국한된 사사로운 생각이 조금이라도 있어서는 안 된다. 마음 안에 선험적으로 내재된 본성이 발현되어 만물을 살리면서도 상황에 맞는 중용의 이치를 드러내고 있는 것이 도심이다. 정치 지도자의 생각은 사소하더라도 사람들에게 직간접적으로 지대한 영향을 줄 수 있으므로 마음을 정밀하게 살피고 도심을 한결같이 간직하여 중용의 이치를 실천할 필요가 있다.

퇴계도 어린 선조에게 정치의 요법을 담고 있는 「성학십도」를 올리며, 임금의 마음은 수만 가지 일과 책임이 시작되는 곳이므로 욕심이 본심을 방해하지 않도록 항상 조심하고 두려워해야 한다고 말하였다. 실제 제6도 이후는 마음에 대한 구조와 선한 마음을 회복하기 위한 방법을 제시하고 있다.

마음이 대상 사물을 만나 생각을 드러내는 이발已發의 순간에 생각이 바르면, 작게는 나의 몸과 마음을 평화롭게 할 수 있을 뿐만 아니라, 크게는 천하 국가와 천지 만물을 조화롭게 하는 강력한 힘이 있음을 선현들은 강조하였다. 본심대로 생각을 거짓 없이 참되게 하는 '성의誠意' 혹은 '신독愼獨' 공부는 나와 우리와 세상을 이롭게 하는 수신 공부의 핵심이다.

9-2. 생각의 두 갈래, 공심公心과 사의私意

조선시대 국가동량을 양성했던 국학國學 성균관 입구에는 말에서 내려 마음을 경건히 하라는 '하마비下馬碑'와 함께 1742년 영조 시기 건립한 '탕평비蕩平碑'가 세워져 있다. 배움을 추구하는 성균관 유생들이 탕평蕩平의 마음을 수양을 통해 갖추었으면 좋겠다는 바람을 상징으로 세워놓은 것이다.

> 두루 사귀되 편을 가르지 않는 것이 군자의 공정한 마음이요, 편을 가르고 두루 사귀지 않는 것은 소인의 사사로운 생각이다.
> 周而不比, 乃君子之公心. 比而不周, 寔小人之私意.

탕평蕩平은 『서경』 「홍범」의 "치우침이 없고 무리지음이 없으면, 왕도가 탕탕하고 평평하다."[無偏無黨, 王道蕩蕩, 無黨無偏, 王道平平.]는 구절에서 유래하였다. 조선 중기 선조 이후 정계에 진출한 사림은 동인과 서인으로 나뉘어졌고, 동인은 다시 남인과 북인으로 나뉘어졌다. 조선 후기에는 서인은 노론과 소론으로 나뉘어졌고, 정조 시기에는 다시 시파와 벽파로 나뉘어졌다. 모종의 이익이나 정치적 목적에 의해 서로 편당 짓는 사의私意는 배움에 뜻을 둔 자가 경계해야 할 생각이다. 혈연·지연·학연에 구애받지 않고 오직 본심에서 드러내는 옳음을 기준으로 사람들과 사귀며 편당 짓지 않는 '탕탕평평蕩蕩平平'의 마음이 군자를 지향하는 사람이 추구해야 하는 공심公心이다.

하나의 마음에서 드러난 생각이지만, 외부 사물과 마주하며 막 드러난 의념에는 사의私意와 같은 악념惡念과 공심公心과 같은 선념善念이 있다. 선현들은 생각의 두 가지 다른 결을 인심人心과 도심道心으로 구분하기도 하였다. 물론 인심과 도심의 근원과 주체 등에 대해서는 학자마다 다른 규정을 하고 있어 동일하게 논할 수는 없다. 다만 도심은 인의예지仁義禮智의 본성이 드러나고 있는 선념이고, 인심 가운데 사사로운 생각은 음식의복飮食衣服과 성색화리聲色貨利 같은 형기形氣에 의해 본성이 가려진 악념이라는 것은 대부분 동의한다. 생각이 드러나는 순간에 공심과 사의를 살펴, 공적인 도심을 지켜 나가고 사적인 인심을 억제할 필요가 있다.

퇴계는 사단과 칠정의 근원은 이理와 기氣의 차이가 존재할 수 있지만, 선한 감정은 본성의 현현과 관련 있다고 보았다. 선과 악은 마음이 외부 사물에 감응하여 감정이 드러나는 순간에 기가 따르지 않아 이가 발현되지 못하거나[理發而氣不隨] 기가 드러날 때 이가 주재하지 못할 경우[氣發而理不乘]에 갈리므로, 감정이 드러나는 은미한 순간부터 마음을 살펴 선한 생각을 보존해야 한다.

율곡은 모든 선한 감정은 인의예지 본성에 기인한다고 보았지만, 역시 생각이 발동하는 은미한 순간, 기에 의해 선악의 갈림이 확인되므로, 생각이 드러나는 때부터 마음을 살펴야 한다고 제안하였다. 말 위에 사람이 타고 있다면 사람이 말을 이끌어야 바른 길로 갈 수 있다. 사람의 의지대로 가는 것은 본성이 발현하고 있는 도심이므로 확충해야 한다. 말이 가고 싶은 데로 가는 것은 형기가 본성을 가린 사적인 인심이니 통제해야 한다.

감정[情]과 의념[意]의 차이는 자연스런 본성의 발현과 인위적인 마음의 의지로 구분할 수 있다. 마음이 외부 사물을 만나 의념이 싹트는 순간, 드러난 생각을 의식적으로 돌아보아 공심에 해당하는 선념과 사의에 해당하는 악념을 구분해야 한다. 인간은 모두 선을 좋아하고 악을 싫어하는 본심을 지니고 있다. 선을 싫어하고 악을 좋아하는 것은 스스로를 기만하는 생각이다. 성의誠意 공부를 통해 생각의 결을 구분하고, 스스로를 속이지 말고 생각을 참되게 해야 한다.

9-3. 욕심을 제거하는 신독愼獨 공부

선한 마음을 기르는 것은 욕심을 적게 하는 것보다 좋은 것이 없다.

養心, 莫善於寡欲 –『맹자』「진심(상)」

육체적 욕망과 물질적 욕구뿐만 아니라, 일을 처리할 때 조금이라도 편의를 생각하는 마음이나 자기 분수에 넘는 것을 구하는 마음 역시 사욕이다. 사사로운 욕심을 제거하면 저절로 내면의 순선한 마음이 자라나게 된다.

제자가 욕심을 억제하기 위해 힘을 기울였는데도 다시 싹트는 현상에 대해 묻자, 율곡이 답하였다.

욕심을 제거하는 것은, 잡초를 제거하는 것과 같다. 막아 버려서 다시 싹트지 않는 것은 뿌리를 뽑아버린 것이고, 막아도 다시 싹트는 것은 임시로 흙을 덮어버린 것이다. 흙으로 덮은 것은 잠시 제거된 것 같지만, 오래지 않아 다시 싹 튼다.

안자顔子가 허물을 거듭 하지 않은 것은 그 뿌리를 뽑아버렸기 때문이다.

譬如除草. 窒不復萌者, 去其根者也. 窒而復萌者, 以土覆之者也. 以土覆者, 姑似除去, 而不久復萌矣. 顔子之不貳, 去其根者也. ―『栗谷全書』卷31

　육체적 욕망이나 물질적 욕구의 잘못된 욕심은 인간의 몸이 있는 한 언제든 싹틀 수 있다. 그것을 내버려 두면, 뽑아낼 수 없을 정도로 뿌리를 내려 잘못으로 인식하지 못할 수 있다. 아직 습관으로 굳어지기 전에 잘못된 욕심이 싹트면, 유의 깊게 성찰하고 경계하여 그런 생각이 들면 부끄러운 마음이 들도록 뿌리째 뽑아야 한다. 의념의 싹이 트는 순간부터 선념과 악념을 구분하고 악념을 뿌리째 뽑아버려야, 생각을 거짓 없고 참되게 할 수 있다.
　여색女色에 대한 욕심이 자주 발동하여 억제하기 어렵다는 제자의 고충에, 율곡은 말하였다.

　이것은 별다른 공부가 없다. 단지 마음을 보존하고 주재하는 방법밖에 없다. 책을 읽을 때, 이치를 연구하는 데에 마음을 쏟고, 일에 응할 때에는 실천하는 데에 마음을 쏟고, 일이 없을 때에는 고요한 가운데에서 함양해야 한다. 그리하여 항상 이 마음을 잊지 않으면, 여색에 대한 생각이 저절로 발동하지 않고, 발동하더라도 반드시 살펴 깨닫게 될 것이다.

此也無別功夫, 只是心有存主. 讀書則專心窮理, 應事則專心踐

履, 無事則靜中涵養, 常使此心無忘時, 則色念自不得發. 雖發
亦必省覺, 省覺則自退矣. 不然, 放心忘忽, 而欲與色念廝戰. 雖
極費力, 如土壓草, 愈壓愈生矣. -『栗谷全書』卷32

색욕色欲과 같은 육체적 욕망을 잠재우기 위해 직접적으로 욕
심이 발동하는 생각을 관찰하고 경계하는 방식도 가능하겠지만,
때로는 욕심 제거에 대한 집착을 내려두고 마음에 선한 생각을 많
이 드러내어 욕심을 망각하게 하는 방법도 가능하다는 것이다.

욕심의 제거는 하루아침에 가능한 것이 아니다. 부단한 노력이
필요하다. 퇴계는

사사로운 욕심[私]은 마음의 좀벌레이고 모든 악의 근본이다.
옛날부터 나라가 잘 다스려진 날은 적고 어지러운 날이 많았
다. 자신을 파멸시키고 나라를 망치는 데 이른 것은 모두 임
금이 '사私'라는 글자를 버리지 못했기 때문이다. 마음의 적을
제거하고 악의 뿌리를 뽑아 순수한 천리天理로 돌아가려면 학
문의 공부에 깊이 의지하지 않으면 안 되는데, 그 공부는 또
한 어렵다. 무릇 한때 한 가지 일의 사私를 힘써 행하지 않는
것은 어렵지 않지만, 평상시 모든 일의 사를 말끔히 다 제거
해 버리는 것은 어렵다. 비록 때로는 말끔히 제거하여 버렸다
할지라도 자기도 모르는 사이에 홀연히 다시 처음처럼 싹틀
것이다. 이것이 어려운 이유이다. 그러므로 옛날의 성현聖賢
들은 항상 조심하고 삼가기를 마치 깊은 못에 다다른 것같이

하고 엷은 얼음을 밟는 것같이 하여, 날마다 노력하고 밤마다 조심해서 잠깐이라도 태만하고 소홀히 하여 구덩이에 떨어지는 근심이 생길까 두려워하였다.

私者, 一心之蟊賊, 而萬惡之根本也. 自古國家治日常少, 亂日常多, 馴致於滅身亡國者, 盡是人君不能去一私字故也. 然欲去心賊拔惡根, 以復乎天理之純, 不深藉學問之功不可, 而其爲功亦難. 蓋一時一事之私, 勉强不行非難, 平日萬事之私, 克去淨盡爲難. 雖或旣已克盡, 不知不覺之間, 忽復萌動如初, 此所以爲難. 是以古之聖賢, 兢兢業業, 如臨深淵, 如履薄氷, 日乾夕惕, 惟恐頃刻怠忽, 而有墮坑落塹之患. -『退溪集』卷7

고 하였다. 호랑이 꼬리를 밟고 봄날의 얼음을 밟듯이[虎尾春氷] 언제든 사욕이 망동할 수 있으므로, 자만하지 말고 자신의 마음을 살피며 차근차근 선을 쌓아나가야 한다는 것이다.

다만, 마음에서 선을 선택하고 악을 제거하는 성의誠意 혹은 신독愼獨 공부는 실천하고 지속하기 어렵다. 『대학』에서는 사람들이 자신의 마음을 볼 수 없다고 여기고 평소 행동을 함부로 행하다가 사람들과 만날 때만 잘 하는 척하는 것을 착각이라고 말한다. 초학자들이 마음을 살피는 공부를 지속하기 위해서는, CCTV가 자신의 마음을 녹화하고 있다고 가정하듯 다른 사람이 나의 마음 상태를 훤히 꿰뚫어보고 있다고 생각하면, 자신을 기만하는 부끄러운 생각을 싹부터 제거하는 데 도움을 줄 수 있다.

열 사람의 눈이 보고 있고, 열 사람의 손이 가리키고 있다.
十目所視, 十手所指 －『大學』

　사람들은 마치 해부하지 않고도 폐와 간을 훤히 꿰뚫어보듯 상대방의 속마음은 알고 있다고 한다. 실제 마음은 눈을 통해 잘 드러날 뿐만 아니라, 얼굴 표정, 말투, 행동거지 등을 통해 온전히 드러나고 있다. 숨길 수가 없다. 그러니 잘못된 생각을 품고 있는 자신을 발견하면 부끄럽고 두렵다.
　다산 역시 '신독'을 강조하며, 다음과 같이 말하였다.

　야밤에 산속을 가는 자가 홀연히 저절로 두려운 마음이 드는 것은 산속에 호랑이가 있음을 알기 때문이고, 저녁에 묘지를 가는 자가 홀연히 저절로 무서운 마음이 드는 것은 묘지에 도깨비가 있음을 알기 때문이며, 군자가 어두운 방에 홀로 있을 때, 두려워하며 감히 나쁜 짓을 못하는 것은 하늘이 나의 감정에 현현하고 있음을 알기 때문이니, 하늘이 나의 감정에 현현함을 믿지 못하는 자는 분명 그 홀로 아는 곳에서 삼가는 것이 없을 것이다.
夜行山林者, 不期懼而自懼, 知有其虎豹也. 暮行墟墓者, 不期恐而自恐, 知有其魅魈也. 君子處暗室之中, 戰戰栗栗, 不敢爲惡, 知有其上帝臨女也. 不信降臨者, 必無以愼其獨也. －『中庸自箴』

다른 사람을 속이는 행동을 하면서 겉으로는 깨끗한 척하는 가식은 도덕 근원인 하늘[上帝]의 현현을 믿지 못하는 것이다. 도덕 감정의 본원인 하늘[上帝]은 현상을 초월하여 실재하는 것이 아니라 선을 좋아하고 악을 싫어하는 도덕 성향[嗜好]으로 모든 사람에게 온전히 드러나고 있으므로, 남이 보건 보지 않건 자신의 잘못된 생각을 감시하는 하늘의 현현을 두려워하며 스스로의 마음을 깨끗이 하고 신중하게 해야 할 것이다.

외부 사물과 만나는 순간에 드러난 생각에서부터 선과 악을 구분하여 선한 생각은 간직하고 악한 생각은 제거하기 위해 신독愼獨 공부를 중시했던 선현들의 삶의 태도는 고결하고 숭고한 느낌을 들게 한다. 생각을 살피고, 생각을 참되게 하는 성의 혹은 신독 공부는 스스로를 빛나게 하는 수양 공부의 지름길이 될 수 있다.

10장

인간다움 실현을 위한 수양 :
이치 탐구하기, 궁리窮理

10-1. 생각하는 힘 기르기

〈사서〉는 사람이면 누구나 예쁜 꽃을 좋아하고 나쁜 냄새를 싫어하듯 선을 좋아하고 악을 싫어한다고 말한다. 이는 사람의 본심이 선과 악의 기준을 명확히 드러내고 있다는 뜻이기도 하다. 선과 악에 대한 기준이 명확하지 않으면 예쁜 꽃이 무엇이고 무엇이 나쁜 냄새인지 구분하기 어렵다. 물론 대부분의 사람들은 옳고 그름에 대한 기준을 어렵지 않게 알 수 있다. 선험적으로 옳고 그름을 분별할 줄 아는 '시비지심是非之心'이 남아 있기 때문이다. 다만 우리는 종종 선과 악의 기준을 판단하지 못하고 생각과 행동을 어떻게 해야 할지 모르는 경우가 있다. 옳고 그름에 대한 기준도 수양의 노력을 통해 확보할 필요가 있다.

『대학』에서는 성의誠意 공부를 위해서 먼저 바른 앎을 지극히 해야 한다[致知]고 하였다. 가고 있는 방향이 명확해야 잠시 길을 잃더라도 다시 목표를 향해 나아갈 수 있듯, 선과 악에 대한 기준을 확립하는 '치지致知'가 선행되어야 생각을 참되게 하는 성의 공부도 가능하다는 것이다.

그런데 『대학』은 다시 '치지재격물致知在格物'이라고 하여, 앎을 지극히 하는 '치지' 공부는 '격물格物'에 달려 있다고 말한다. 생각을 참되게 하기 위해 선악의 분별 기준인 앎을 확립하기 위해서는 격물이 선행되어야 한다는 것이다.

'격물'의 첫 번째 의미는 '사물에 이른다'는 뜻이다. 격格은 이른다는 의미의 '지至'와 같은 뜻이다. 사물의 이치를 탐구하려면 사고가 사물에 머물러 있어야 한다. 사고는 관념 속에서 진행되는 것이 아니다. 사고가 특정 시간과 공간에 머물러 있다면 현실과 무관한 임의적인 생각이다. 나의 사고가 끊임없이 변화하는 외부 사물과의 만남 속에서 변화되고 있음을 느껴야, 마음은 외부 사물과 실질적인 감응을 하고 있다고 할 수 있다. 그래야 생각의 시야가 넓어져서 사물을 관념대로가 아닌 완전히 다른 식으로 파악할 수 있다.

생각이 사물에 이르는 격물 공부는 '관찰'의 노력과도 유사하다. 마음이 끊임없이 감응하는 대상을 정확하고 사실대로 인식할 필요가 있다. 예를 들어 날씨를 관찰한다면, 자기관념이나 일기예보 등의 색안경을 내려놓고 오롯이 자신의 눈과 오감으로 확인되는 날씨 변화를 인식해야 한다.

해와 달의 주기, 구름의 특성, 바람의 방향, 공기 중의 습도, 동식물의 반응 등을 면밀히 분석하고 관찰을 지속하면, 외부 사물은 현실 세계에서 연속성을 지니고 있으므로 내일의 날씨도 예측할 수 있다. 예상했던 것이 맞다면 관찰을 통한 사고가 정확한 것이고, 예상과 다른 결과가 나왔다면 사고하는 과정에 오류가 있는 것이다.

격물格物의 두 번째 의미는 사물에 이르러 이치를 탐구하는 '궁리窮理'이다. 화담花潭 서경덕徐敬德은 박연폭포·황진이와 함께 송도삼절松都三絶로 알려져 있다. 특히 화담은 젊은 시절 과거시험에 합격하여 생원이 되었지만, 이내 과거 공부를 버리고 화담에 초가집을 짓고 이치 탐구에 매진하여 천하의 이치를 터득한 자로 유명하다.

화담의 어릴 때 일화가 문집에 기록되어 있다. 집이 가난하여 부모님은 춘궁기春窮期가 되자 화담에게 밭두둑에 나가 나물을 캐오라고 시켰는데, 매일 늦게 오면서도 광주리가 가득 채워지지 않아 이상히 여긴 부모님이 그 까닭을 물었다. 화담은

> 나물을 캘 때에 어떤 새가 날아오르는데, 오늘은 땅에서 한 치 높이로 날고 다음날은 땅에서 두 치 높이로 날며 그 다음날은 땅에서 세 치 높이로 날았습니다. 날이 갈수록 점점 더 높이 나는데, 저는 이 새의 행동을 관찰하면서 가만히 그 이치를 생각해 보았습니다만 끝내 알 수 없었습니다. 그래서 매일 늦게 돌아오고 광주리도 채우지 못했습니다.
> 當采蔬時, 有鳥飛飛. 今日去地一寸, 明日去地二寸, 又明日去地三寸, 漸次向上而飛, 某觀此鳥所爲, 竊思其理而不能得. 是以, 每致遲歸, 蔬亦不盈筐也. -『花潭集』

라고 하였다. 훗날 문인들은 그 새가 종달새였다고 추정한다.

봄철에는 지기地氣가 상승하여, 기에 따라 높고 낮게 나는 차이가 있을 수 있다는 것이다. 화담이 격물궁리에 얼마나 몰입했는지 짐작할 수 있다.

화담은 18세 때 『대학』을 읽다가 '치지재격물致知在格物' 구절에 이르러 개연히 탄식하며 "공부하는 데 있어 사물을 궁구하는 것을 먼저 하지 않는다면 독서를 한들 무슨 소용이 있겠는가!"라고 하고, 천지만물의 이름을 모두 써서 벽에다 붙여 두고는 날마다 그 이치를 궁구하였다고 한다. 하늘의 이치를 알고자 하면 '천天' 자를 벽에다 써 붙이고 궁리하였고, 그 이치를 깨달은 후에는 다시 다른 글자를 붙여놓고 궁리하였으며, 이치 탐구에 몰입하여 며칠을 고요히 앉아 뜬눈으로 밤을 지새기도 하였다. 결국 더위와 추위, 밤과 낮도 가리지 않고 한 방안에 꼿꼿이 앉아 몇 년을 노력한 끝에 도리를 훤히 깨우쳤다고 한다.

편견과 예단 없이 사고가 사물 자체에 이르러 이치를 탐구할 때는 즉각적이고 성급한 결론은 오히려 방해가 된다. 퇴계는 말하였다.

> 이치를 연구하는 일은 단서가 많으니, 한 가지 방법에만 얽매여서는 안 된다. …… 탐구하는 일이 혹 복잡하게 얽혀 있어 힘을 기울여도 통할 수 없거나, 혹 천성이 이런 것에 어두워 무리하게 밝혀내기 어렵다면, 우선 그 일은 놓아두고 다른 일에 나아가 탐구해야 한다. 이렇게 탐구해 가다보면, 누적되고 익숙해져, 자연히 마음이 점차 밝아지고 의리도 점차 드러나

게 된다. 이때 다시 전에 탐구하지 못했던 일을 끄집어내 자세히 추적하여, 이미 터득한 이치와 참조하고 대조하면, 자신도 모르는 사이에 전에 궁구하지 못한 것까지 한 번에 깨달을 수 있다.

窮理多端, 不可拘一法. …… 所窮之事, 或値盤錯肯綮, 非力索可通, 或吾性偶闇於此, 難强以燭破. 且當置此一事, 別就他事上窮得, 如是窮來窮去, 積累深熟, 自然心地漸明, 義理之實, 漸著目前, 時復拈起向之窮不得底, 細意紬繹, 與已窮得底道理, 參驗照勘, 不知不覺地, 并前未窮底, 一時相發悟解. −『退溪集』卷14,「答李叔獻」

율곡도 말하였다.

사물에 나아가 이치를 탐구할 때, 한 번 생각하여 터득하는 자도 있고, 정밀하게 생각한 뒤에야 깨닫는 사람도 있고, 애써 생각해도 통하지 못하는 사람도 있다. …… 혹 오랫동안 애써 생각하여도 끝내 풀리지 않아 생각이 막히고 어지러워지면, 반드시 모든 잡념들을 버려서 마음속에 어떤 사물도 남겨두지 말아야 한다. 그런 뒤에 다시 정밀하게 생각해도 터득하지 못하면, 우선 이 일을 놓아두고 다른 일을 연구해야 한다. 이리저리 궁리해가다 보면, 점차 마음이 밝아져, 전에 터득하지 못했던 것도 문득 깨닫는 때도 있을 것이다.

於窮格之際, 或有一思而便得者, 或有精思而方悟者, 或有苦思

而未徹者. ……或苦思之久, 終未融釋, 心慮窒塞紛亂, 則須是
一切埽去, 使胸中空無一物. 然後却擧起精思, 猶未透得, 則且
置此事, 別窮他事, 窮來窮去, 漸致心明, 則前日之未透者, 忽有
自悟之時矣. ─『栗谷全書』卷20,「聖學輯要」

　힘을 기울여도 이치를 터득하지 못하면 잠시 놓아두고 다른 일
을 생각할 필요가 있다. 사물에 나아가 객관적 사실을 정밀하게
관찰하고 이치를 탐구하되, 결과의 종합은 마음에 내재되어 있는
본성의 현현과 관련되어 있기 때문이다. 격물궁리의 공부는 결국
본성의 직관적인 현현을 통해 자연스럽게 나의 앎을 확립하는 '치
지致知'로 이어진다.
　'격물'은 사고가 사물에 이르는 즉물卽物과, 사물의 이치를 정밀
하게 탐구하는 궁리窮理, 마음에 내재된 본성이 현현하여 본래 고
유하던 이치가 앎으로 밝아지는 치지致知의 세 단계로 이루어진
다. 그러므로 '격물' 공부는 사물의 이치를 탐구하여 앎의 기준을
확립할 뿐만 아니라 생각하는 힘을 길러준다. 바르게 생각하는 자
세는 자기의 임의적인 개념 속에서 사물을 인식하는 것이 아니라
사물과 내가 일치하는 것이고, 사물을 있는 그대로 비추면서 변화
의 연속 속에 내재되어 있는 법칙을 탐구하는 것이다. 그러면 사물
과 내가 합일되어 세계가 나의 마음에서 새롭게 창조될 수 있다.

10-2. 삶의 진리를 얻는 독서

'참새 방앗간'이란 말이 있다. 가을철 추수 시기가 되면 방앗간에서 탈곡과 정미 과정을 거치다 보니 먹잇감이 넘쳐나기 때문이다. 흥미로운 것은 참새도 머물 곳을 안다는 것이다. 잠잘 때는 방앗간도 전깃줄도 아니라 수풀이 우거진 곳이나 가시덤불 속에 들어간다. 사물에 이르러 이치를 탐구하는 노력은 머물 곳을 알기 위한 '지지知止'의 노력이다. 선악의 판단기준인 앎을 명확하게 알면, 참새처럼 각자 자기 자리에 바르게 거처하여 안전하고 조화로운 삶을 살 수 있다.

문제는 우리가 마주하는 대상은 헤아릴 수 없이 많을 뿐만 아니라, 이치를 탐구하는 데도 많은 시간이 요구된다는 것이다. 일상 속의 소소하고 단순한 일의 경우 고려해야 할 것이 적어 영명靈明한 본성이 즉각적인 시비 판단을 드러낼 수 있다. 그러나 양측의 입장이 첨예한 사회문제나 국제사회의 갈등 같은 문제는 고려해야 할 대상이 많아 격물의 과정과 결론이 단순하지 않다. 그래서 인류의 위대한 지혜가 담겨 있는 고전의 독서가 필요하다. 고전이

〈부신독서도負薪讀書圖〉, 유운홍 作
출처 : KBS NEWS

절대 진리를 담고 있다는 것이 아니라, 고전의 지혜가 지금 여기의 창의적 지혜에 토대가 될 수 있기 때문이다.

조선시대 풍속화인 유운홍의 '독서도'를 보면, 독서가 집에서만 하는 것이 아님을 알 수 있다. 실제 퇴계 선생은 어떤 곳에서든지 독서는 멈추지 말아야 하며, 항상 공부하고 배워야 한다고 말하였다. 그림 속 양 어깨에 땔감을 잔뜩 멘 나무꾼

이 비탈길을 내려오면서도 책 읽기에 여념이 없다. 그야말로 낮에는 밭 갈고 밤에는 독서한다는 '주경야독晝耕夜讀'에 비견될 만한 독서욕을 볼 수 있다.

이 그림은 윤덕희의 '풍속도'이다. 햇볕 좋은 날, 단정한 차림새의 여인이 탁자 위에 앉아 책을 읽고 있다. 깊이 생각하며 읽기 위함일까. 손가락으로 글자를 한 자 한 자 짚어가며 차근차근 읽고 있다. 책 내용에 완전히 몰

풍속화 〈독서하는 여인〉, 윤덕희 作
출처 : 한겨레

입한 듯 표정이 자못 진지하다. 독서삼매경이 따로 없는 모습이다.

안중근 의사는 "하루라도 책을 읽지 않으면 입 안에 가시가 돋는다."[一日不讀書, 口中生荊棘]는 서예 유품을 남기기도 하였다. 독서는 우리 생활에서 반드시 필요한 공부 가운데 하나이다.

그래서 그런지 우리나라에는 독서 관련 일화가 많이 남아 있다. 허균은 "솔바람 소리, 시냇물 소리, 산새 소리, 풀벌레 소리, 거문고 소리, …… 모두 지극히 맑은 소리이지만, 가장 좋은 소리는 낭랑하게 책 읽는 소리이다."[『한정록』]라고 말한 적이 있다. 아이들과 학생들이 좋은 책을 소리 내어 크게 읽는 소리를 들으면 마음이 절로 맑아지고 뿌듯해진다.

율곡은 말한다.

> 도에 들어가는 데는 이치를 탐구하는 것보다 우선하는 것이 없고, 이치를 탐구하는 데는 책을 읽는 것보다 우선하는 것이 없다. 성현이 마음을 쓴 자취와 선악의 본받을 만하고 경계할 만한 것이 모두 책에 있기 때문이다.
> 入道, 莫先於窮理, 窮理, 莫先於讀書. 以聖賢用心之迹, 及善惡之可效可戒者, 皆在於書故也. -『栗谷全書』卷27,「擊蒙要訣」

다산도 말한다.

> 나는 요즘 퇴계 선생의 문집을 얻어 마음을 가라앉혀 공부하고 있는데, 그 정밀하고 깊이 있는 학문은 후학이 감히 헤아

릴 수 있는 것이 아니다. 기이한 것은, 책을 읽는데 정신과 기운이 편안해지고, 근육과 혈맥이 안정되어, 이전의 조급하고 들뜬 기운이 점차 사라졌다. 과연 나의 병을 치료하는 약이 아니겠는가! -『與猶堂全書』

우암尤菴 송시열宋時烈은 독서를 하면 '이치가 밝아지고'[理明] '마음이 보존된다'[心存]고 말하였다. 독서를 하지 않는 사람은 사물을 관찰하고 분별하는 데 어둡다. 독서를 통해 이치를 탐구해야 공부가 경지에 이를 수 있고 실천하는 일도 한쪽으로 치우치지 않게 된다. 나아가 독서를 하면 마음도 편안해져 정서적인 안정을 얻을 수 있다. 책을 읽는 목적은 책이 재밌고 즐겁기 때문에 혹은 마음의 교양을 쌓을 수 있거나 사고 능력을 키울 수 있기 때문이기도 하겠지만, 무엇보다 삶의 진리를 깨닫고 마음 수양 하는 데 도움을 주기 때문일 것이다.

성호星湖 이익李瀷도 독서를 중시하였다. 판각으로 인쇄된 책을 가난한 선비가 얻기란 매우 어렵고, 필사를 하더라도 쉽지 않고 잘못 기록하는 경우도 있으므로, 평생 동안 책을 공경하고 아꼈다고 한다. 더러 책을 빌려 보았는데, 책이 찢어지면 곧바로 손질하였고, 꿰맨 끈이 끊어지거나 없어지면, 실을 마련하기 어려웠으므로, 종이를 비벼서 꿰매주었다고 한다.

또 조선후기 규장각에서 활동하면서 많은 서적을 정리하고 조사하여 교정하였던 이덕무李德懋는 "책을 읽을 때에는 손가락에 침을 묻혀서 책장을 넘기지 말고, 손톱으로 글줄을 긁지도 말고,

책장을 접어서 읽던 곳을 표시하지도 말고, 책머리를 말지도 말고, 책 표면을 문지르지도 말고, 땀 난 손으로 책을 들고 읽지도 말고, 책을 베지도 말고, 팔꿈치로 책을 괴지도 말고, 책으로 술항아리를 덮지도 말고, 먼지 쓰는 곳에서 책을 펴지도 말고, 책 보면서 졸므로 해서 어깨 밑에나 다리 사이에 떨어져서 접히게 하지도 말고, 책을 던지지도 말고, 심지를 돋우거나 머리를 긁은 손가락으로 책장을 넘기지도 말고, 힘차게 책장을 넘기지도 말고, 책으로 창이나 벽에 휘둘러서 먼지를 떨지도 말라."『四小節』고 하였다.

조선시대 국가의 동량棟梁을 길러냈던 국학 성균관의 도서관 이름은 '존경각尊經閣'이다. 성현의 말씀이 적혀 있는 경서를 존경한다는 의미를 담고 있다.

흔히, 독서는 마음의 양식이라 한다. 삶의 진리를 터득하는 데 도움받을 수 있을 뿐만 아니라, 영명한 본성을 드러내고 선한 마음을 보존하는 데 좋은 공부 방법 중 하나다.

10-3. 혼을 바쳐 책과 함께 한 선현 다산

다산 정약용은 조선 후기 오직 백성들을 위한 실학의 정신을 집대성한 학자로 알려져 있다. 22세에 진사과에 합격하여 성균관에서 유학留學하고, 28세에 문과에 급제하여 정조의 총애를 받아 관료 생활을 하였으나, 1800년 정조가 서거한 이후 서학 천주교 파동에 휩쓸려 1801년부터 1818년까지 18년간 강진 유배생활을 겪었다.

유배 생활 내내 그는 '어릴 적에는 학문에 뜻을 두었으나 20년 동안 세속의 길에 빠져 선왕의 훌륭한 정치가 있는 줄 모르다가 이제서야 여가를 얻었다'고 위로하고는, 밥 먹는 것도 잊고 잠 자는 것을 잊으며 치열하게 공부하여, 개혁에 대한 열망을 담은 500여 권이 넘는 엄청난 양의 저술을 남겼다.

'다산茶山'이란 호가 처음 불려진 것은 강진 유배시기다. 1801년 강진으로 유배를 간 이후 8년째 되던 해 봄, 다산의 초당으로 거처를 옮겨 서적 1,000여 권을 쌓아두고 글을 지으며 지냈는데, 당시 학문적 교류를 했던 이재의李載毅가 주변 학자들에게 정약용의 학술을 알리면서 '정다산丁茶山'이라 불리기 시작하였다. 이후 1930년대, 위당爲堂 정인보鄭寅普, 단재丹齋 신채호申采浩 등이 일제강점기 민족정신을 일깨우기 위해 '정약용 서거逝世 100주년 학술사업'을 거치면서 '다산'이라는 호가 대중적으로 알려지게 되었다.

사실 다산 스스로는 '사암俟菴'으로 불려지기를 희망했던 것 같다. 해배되어 고향에 돌아온 뒤 두물머리 지역에 한강의 옛 이름인 열수洌水가 흘렀으므로 자신의 호를 洌水라 하였다가, 사서오경四書五經과 일표이서一表二書의 저서를 완성한 이후, 회갑을 맞이한 그는 자서전이라 할 수 있는 「자찬묘지명自撰墓誌銘」을 지으면서 자신의 호를 '사암俟菴'이라 칭하였다. '전적에 온 힘을 쏟아 백세 후를 기다린다'[竭力典籍內, 以俟百世後]는 의미로, 당시에는 알아주는 사람이 없더라도 후세 사람들이 자신의 책을 보고 그것이 현실 개혁의 가장 적절한 방안이라는 것을 알아주기를 희망했던 것으로 보인다.

다산의 당호堂號는 '여유당與猶堂'이다. 자신의 문집을 『여유당전서與猶堂全書』라고 이름 하기도 하였다. 『도덕경』을 보면, "신중하도다, 겨울에 살얼음 냇가를 건너듯. 조심하도다, 세상 사람을 두려워하듯."[與兮, 若冬涉川. 猶兮, 若畏四隣]이란 말이 있다. 여기서 '여'자와 '유'자를 가져와 당호로 삼고, 스스로를 돌아보며 인간의 길을 제대로 걷는 선비가 되고자 했던 것이다.

다산의 애민愛民정신이 담긴 글 가운데, 「교지를 받들고 지방을 순찰하던 중 적성의 시골집에서 짓다[奉旨廉察到積城村舍作]」라는 시와「양근을 잘라버린 백성을 서러워하다[哀絶陽]」는 시는 참혹했던 당시 상황을 적나라하게 기록하고 묘사하고 있다.

교지를 받들고 지방을 순찰하던 중 적성의 시골집에서 짓다 [奉旨廉察到積城村舍作]

집안에 있는 물건 쓸쓸하기 짝이 없어	室中所有太蕭條
모조리 다 팔아도 칠팔 푼이 안 된다오	變賣不抵錢七八
깨진 항아리 뚫린 곳 헝겊으로 발랐고	破甖布糊敝穿漏
찌그러진 시렁대는 새끼줄로 얽매었네	庋架索縛防墜脫
놋수저는 지난날 이정에게 빼앗기고	銅匙舊遭里正攘
쇠냄비는 엊그제 옆집 부자 앗아갔지	鐵鍋新被隣豪奪
닳아 해진 무명이불 오직 한 채뿐이라서	靑錦敝衾只一領
부부유별 그 말은 가당치도 않구나	夫婦有別論非達
큰아이 다섯 살에 기병으로 등록되고	大兒五歲騎兵簽
작은애도 세 살에 군적에 올라 있어	小兒三歲軍官括
두 아들 세공으로 오백 푼을 물고 나니	兩兒歲貢錢五百
어서 죽길 원할 판에 옷이 다 무엇이랴	願渠速死況衣褐

양근을 잘라버린 백성을 서러워하다[哀絶陽]

노전마을 젊은 아낙 그칠 줄 모르는 통곡소리	蘆田少婦哭聲長
현문을 향해 가며 하늘에 울부짖길	哭向縣門號穹蒼

쌈터에 간 지아비가 못 돌아오는 수는 있어도	夫征不復尚可有
남자가 그 걸 자른 건 들어본 일이 없다네	自古未聞男絶陽
칼을 갈아 방에 들자 자리에는 피가 가득	磨刀入房血滿席
자식 낳아 군액 당한 것 한스러워 그랬다네	自恨生兒遭窘厄
부호들은 일 년 내내 풍류나 즐기면서	豪家終歲奏管弦
낟알 한 톨 비단 한 치 바치는 일 없는데	粒米寸帛無所捐

정조의 어명을 받아 33세의 나이에 암행어사의 신분으로 백성들의 삶을 돌아본 다산은 호랑이보다 무섭다는 '가렴주구苛斂誅求'의 정치 현실을 목도하였다. 가혹한 세금과 강제로 재물을 빼앗는 정치현실, 그리고 아이를 낳은 죄로 세금을 내게 되어 자신의 생식기를 칼로 잘라버린 민중들의 삶에 절망하였다.

다산은 벼슬하던 때부터 품었던 현실개혁을 유배시기 저술 속에 녹여냈다. 그는 스스로 일생 동안 "육경六經과 사서四書로 나를 수양하였고, 『경세유표』·『목민심서』·『흠흠신서』의 一表二書로 천하 국가를 다스리는 데 도움이 되고자 하였다. 육경사서와 일표이서로 나는 나름대로 학문에 대한 이론과 실천의 본말을 갖추었다."[六經四書, 以之修己, 一表二書, 二之爲天下國家, 所以備本末也.]고 하였다. 육경사서의 고전을 독서하고 해석하여 修己를 하였고, 백성들을 위한 경세와 목민의 이상을 담아 一表二書를 편찬하여 治人의 노력을 다하였던 것이다.

다산은 말한다.

오직 독서 한 가지 일이, 위로는 옛 성현을 좇아 짝할 수 있게 하고, 아래로는 백성을 길이 깨우칠 수 있게 하며, 신명의 상태를 통달하게 하고, 왕도의 계책을 도울 수 있게 한다. ㅡ「茶山詩文集」

독서는 자기 수양과 현실정치 개혁을 위한 지혜의 보고입니다. 다산은 공부에 다섯 가지 방법이 있다고 말합니다. "옛날의 학자가 공부하는 데는 다섯 가지 방법이 있었다. 그것은 널리 배우고[博學], 자세히 묻고[審問], 신중히 생각하고[愼思], 명백하게 분변하고[明辨], 독실하게 실행하는[篤行] 것이다. 그런데 지금의 학자들은 널리 배운다는 이 한 가지에만 집착할 뿐 자세히 묻는다는 그 이하는 염두에도 두지 않고 있다." ㅡ「茶山詩文集」

첫 번째 독서 방법은 외면으로 향해 고전을 대상으로 하여 탐구하는 박학博學과 심문審問이다. 우선 박학博學은 폭넓게 읽는 것이다. 많이 읽어야 한다고 해서 복잡하고 잡다한 책을 닥치는 대로 읽는 것이 아니라, 책의 종류를 제한하지 않고 읽고 싶거나 읽어야만 하는 책을 선별하여 차근차근 읽어 나가야 한다는 것이다.

선현들은 책을 읽을 때 '상구上口'의 방식을 취하였다. 소리 내어 입에 올려야 한다는 의미이다. 한두 번 훑어보고 안다고 자만해서도 안 된다. 한 번에 많이 읽으려 욕심낼 필요도 없고, 빨리 읽으려 조급할 이유도 없다. 음과 뜻을 분명하게 파악하면 눈으로 보면서 입으로 읽어야 한다. 너무 큰소리로 읽을 필요는 없다. 자기 숨에 맞게 음과 뜻을 새기면서 또박또박 읽어야 한다. 선현들은 꾸준히 그리고 평생 동안 고전을 삼천 번 혹은 만 번 소리 내어 읽어가며 익숙하게 하였다고 한다.

물론 책 한 권을 끝까지 읽는 것은 쉽지 않다. 영문법 책에 'to 부정사' 부분만 빨간 줄과 필기 흔적이 가득한 경우가 허다하다. 의지가 약해서이기도 하겠지만, 처음부터 너무 세밀하게 읽다보니 진도가 나가지 않은 경우이기도 하다. 산 전체를 조망하듯 처음에는 책 내용의 큰 얼개를 읽고, 점차 세밀하게 집중하여 읽을 필요가 있다. 처음부터 골짜기에 피어오르는 물안개를 분석하느라 시간을 소비해서는 안 된다.

다음으로 심문審問은 자세히 읽는 것이다. 다산은 "먼저 자신의 생각을 정리한 후 그 생각을 기준으로 취할 것은 취하고 버릴 것은 버려야 취사선택이 가능하다. 어느 정도 자신의 견해가 성립된 후에 선택하고 싶은 문장과 견해는 뽑아 따로 필기해 간추려 놓아야 한다."고 하였다. 책을 읽으면서 좋은 내용에 줄을 쳐 놓듯 베껴 놓는 '초서抄書' 독서법을 통해 자세히 읽었다는 것이다. 혜강惠岡 최한기崔漢綺는 요령을 얻기 위한 독서법으로 '추측推測'을 제안한다. 미루어 생각하고 헤아려 이치를 탐구하는 방법이다. 많이 읽는 데 집중하다 보면 책의 내용을 대충 파악하는 경우가 있다. 익숙하게 읽으면서 내용을 자세히 탐구하여 요약해야 책의 핵심을 파악했다고 할 수 있다.

두 번째 독서 방법은 내면으로 향해 자신의 상황에서 고려하는 신사愼思와 명변明辯이다. 우선 신사愼思는 신중히 생각하는 것이다. 책의 의미를 정확히 파악했다고 하여 그것이 바로 유용한 것은 아니다. 그 지식은 아직 나와 무관하다. 지금 여기에서 의미를 지니기 위해서는 마음으로 읽어야 한다. 책의 정확한 의미를 파악하되, 지금 바로 여기에서 어떤 의미가 있는지 곱씹어보아야 한다. 성급히 의문을 해결할 필요는 없다. 되풀이해서 읽고, 손으로도 써보면 도움이 된다. 손이 움직이면 마음이 따라가서 의미가 명확해질 수 있다. 고전의 현재적인 의미를 자기 삶에 비추어 보아 스스로 체득해야 한다.

다음으로 명변明辯은 분명하게 분별하는 것이다. 독서를 통해 체득한 지혜는 나를 혁신하여 지혜로운 나를 가능하게 한다. 사욕에 휘둘리지 않고 오직 맑은 마음을 간직하게 도움을 주어 창조적 지혜를 갖춘 나로 성장할 수 있다. 그러니 체득한 진리는 변화하는 상황을 분명하게 분별할 수 있게 하여, 늘 새로운 모습으로 사물의 이치를 밝혀 준다.

세 번째 독서 방법은 지식을 실천으로 합일시키는 독행篤行이다. 독서를 통해 터득한 지혜는 몸소 실천해 보아야 한다. 아는 것이 머리에만 맴돌면 바쁜 일상에 몰입하다 어느새 망각하기 쉽다. 생각에서부터 옳음을 명확히 분별하고 행동으로 이어지도록 독실하게 실천하면, 어느 순간 고전의 지혜가 마치 내 입에서 나온 것처럼 나와 하나가 되어 고전과 내가 모두 새롭게 의미를 지니게 될 수 있다.

홍길주洪吉周의 『수여난필睡餘瀾筆』을 보면, 독서하는 데 다섯 가지 등급의 차이가 있다고 한다.

가장 높은 등급은 이치를 명확하게 밝혀 몸을 맑게 하는 것이다. 그 다음은 옛 것과 옛 일을 잘 알아 지금 처한 문제에 잘 적용하는 것이다. 그 다음은 문장을 닦아 세상에 이름을 날리는 것이다. 그 다음은 뛰어난 기억력으로 다른 사람에게 과시하는 것이다. 그리고 가장 아래 등급은 할 일 없이 한가하게 놀면서 시간을 보내는 것이다.

출세를 위한 과거시험이나 문장을 뽐내기 위해 박학하는 것은 실학實學이 아니다. 문장만 화려하게 하거나 시험만을 위한 독서는 진리를 깨닫기 어렵다. 독서의 목적은 경세제민經世濟民에 있어야 한다. 매일 매일 삶의 진리를 얻어 삶을 윤택하게 하기 위해 책을 읽어야 하는 것이다.

부록

유몽집요

Essential Advice for Beginners

초학들의 선한 천성을 이끌어 나아가게 하는 지혜의 고전

『유몽집요誘蒙輯要』를 엮으며

유몽誘蒙

배움을 시작하고 있는 어린아이, 배움에 매진하고 있는 청소년과 대학생, 그리고 나이는 있지만 여전히 배움을 희망하는 초학들을 대상으로 자기다움의 완성을 위한 선현의 지혜를 모은다.

　수천 년간 몽학들을 위한 고전은 있어 왔다. 여전히 의미를 지니며 읽혀지고 있는 고전도 있지만, 시간과 공간의 차이로 공감되지 않는 부분도 있고, 교육을 대하는 시각의 차이로 적용하기 어려운 내용도 있다.

　『주역』에서는 초학자를 '몽蒙'으로 표현한다. 한때 몽학들을 어리석고 불안하다 간주하고, 지식적인 앎과 실천적인 능력을 갖추게 하기 위해 일방적인 방식으로 주도한 적도 있었다. 가르치는 대상을 어떻게 바라보느냐라는 시각의 문제였다. 몽매함에는 스스로 잘못을 자각하고 지혜를 갖출 수 없다는 비관적 태도가 들어 있지 않다. 가르침이 필요한 어른[長蒙]이건 아이[童蒙]이건 어떻게

해야 부끄럽지 않은지 무엇이 옳고 그른 것인지 알 수 있는 힘이 마음에 내재되어 있음을 신뢰할 필요가 있다.

공자의 교육방식을 두고 제자 안연은 차근차근 사람을 잘 이끌어 나아가게 하였다고 술회한다. 내면에 자리하고 있는 선한 마음의 씨앗이 각자의 개성과 수준에 맞게 싹을 틔워 의미 있는 생각과 행동으로 자라날 수 있도록 유도하였다는 말이다. 일방적인 방식으로 알려줘야 할 때도 있겠지만, 역시 초점은 내면의 동의를 이끌어 내어 스스로 자각하고 행하도록 이끄는 데 있다.

가르친다는 것은 이끌어 내는 것[誘]이어야 한다. 초학들의 선한 천성을 이끌어 나아가게 하기 위한 '유몽誘蒙'의 노력은 몽학들을 바라보는 절실한 자세일 수 있다.

집요輯要

고전은 오래된 옛 사람들의 작품만이 아니라 오늘을 살고 있는 사람들이 남긴 모범이 될 만한 가치 있는 내용을 담고 있는 표현 형식이다. 시공을 초월하여 자신에게 공감의 즐거움을 줄 수 있을 뿐만 아니라, 자기 삶을 의미 있고 풍요롭게 하는 지혜의 보고이다.

20세기 초반 삼류대학으로 치부되던 시카고대학이 고전 100권을 읽어야 졸업할 수 있다는 '위대한 고전[The great books]' 프로그램을 도입한 후 노벨상을 다수 배출하는 명문대학으로 도약하였다. 문화 융성의 꽃을 피운 조선시대 선현들도 새로운 지식 창조가 고전학습의 기초로 이루어진다고 보고, 이치탐구와 자아성찰을 위해 독서공부를 강조하였다. 고전의 가치가 다시금 부각되고 있다.

고전읽기는 성찰적 사고와 비판적 사고를 독려하여 정신을 맑게 하고 사고의 힘을 일깨워서 이상적인 인격과 조화로운 사회 완성을 위한 공부의 기초가 될 수 있다. 특히 수천 년간 동아시아에서 지혜의 마르지 않는 샘으로 여겨졌던 『대학』·『중용』·『논어』·『맹자』의 사서四書는 이것만이 보편적이고 절대적은 것은 아니지만, 역시 삶의 혜안을 가져다줄 수 있다. 각기 다른 시간과 공간 속에서 생각을 자극하고 새로운 영감을 주며 지속적인 연속과 수평적인 확산을 이어왔다. 초학들의 천성을 이끌어 나아가게 하기 위한 지혜를 고전 사서에서 '집요輯要'하여 공유한다.

수신修身의 틀

수신修身은 선한 천성을 자각하고 함양하여 자기다움을 완성하는 수양공부이다. 참 나와 마주하고 큰 나를 완성하기 위한 수신 공부는 네 가지 틀로 구분하여 유기적인 노력을 기울일 수 있다.

첫째, 배움의 뜻 세우기의 '입지立志'이다. 첫 단추를 잘 꿰어야 나머지 단추들이 제자리를 찾는다고 말을 하곤 한다. 잘못 꿰맨 단추는 어색하고 불편하다. 삶도 마찬가지이다. 자신과 주변을 힘들게 하면서까지 꿈을 찾겠다고 단추를 다시 꿰매는 것도 자기답게 살지 않고 있는 모습을 스스로 감내하지 못하기 때문이다. 자기가 좋아하는 것이 무엇이고 편안해 하는 것이 무엇인지 마음에 절실히 물을 필요가 있다. 자기 길을 찾는 것이 우선이다. 때론 길이 명확하지 않아 방황할 수도 있다. 그럼에도 길을 찾기 위해 힘써야 하고, 희미하게나마 길을 찾으면 좌고우면 하지 말고 굳세게 나아가야 한다.

둘째, 덕성 기르고 보존하기의 '존양存養'이다. 마음은 생각과 행동의 동력이다. 과거의 잘못된 기억, 미래의 막연한 추측이 앞서면, 지금 여기를 제대로 볼 수 없다. 편견과 예단을 내려놓고 지금을 바로 보기 위해서는 혼잡한 마음을 거두어들여 마음의 무게를 덜어낼 필요가 있다. 그러면 마주하는 대상의 의미가 나에게 온전히 다가온다. 그리고는 일상의 사소한 것에서부터 반복적으로 실천하여 습관을 형성해야 한다. 마음의 선한 씨앗은 즉각적이고 자연스럽게 드러나므로, 반복적으로 체화시켜 자기도 모르게 바른 행동을 하도록 해야 한다.

셋째, 이치 살피고 다잡기의 '성찰省察'이다. 앎이 잘못되면 애써 마음을 고요하게 했다 할지라도, 대상을 만나자마자 편견이 작동된다. 마음은 다시 요동치고 대상과의 관계 역시 틀어진다. 잘못된 앎을 바로잡기 위해서는 편견을 내려놓고 있는 그대로를 관찰하며, 점차 의도적인 노력으로 생각을 기울여 옳음을 탐구해야 한다. 옳음의 기준은 나와 대상과의 단독적인 관계에서 결정되는 것이 아니라, 나와 대상을 둘러싼 모든 존재와의 관계 속에서 적절하게 규정된다. 성급히 옳음을 단정하기보다 대상을 사실대로 직시하고, 마음을 수렴하며 종합적으로 성찰하는 여유가 필요하다. 또한 알아낸 바른 앎은 생각에서부터 살피지 않으면 금세 수풀이 자라나 싹이 보이지 않듯, 나에게서 멀어져 간다. 생각에서부터 정밀하게 살펴 행동으로 이어지도록 독실하게 실천해야 한다.

넷째, 성현의 언행 마음에 새기기의 '심경心鏡'이다. 한 순간 모든 것을 터득하고 높은 경지를 유지하는 자는 드물다. 몽학들에게 마음을 다잡아 줄 수 있는 모범은 꼭 필요하다. 방향을 잃거나 의지가 약해질 때, 먼 목표에 해당하는 성현들의 언행을 새기면서 흔들리지 말고 스스로를 다잡아야 한다. 성현들이 자기 언행을 바르게 하려고 노력한 실제와 타인과의 조화로운 관계를 유지하기 위해 힘쓴 흔적들을 자주 보고 마음의 거울로 삼아야 한다.

독서讀書 요령

성현의 지혜가 담긴 고전을 읽으면 마음이 맑아지고 기운도 평화롭게 된다. 변화는 더디지만, 매일 먹는 한 끼 밥이 시나브로 몸을 윤택하게 하듯, 고전읽기는 삶의 순간마다 나를 지탱해 주고 방향을 제시해 주는 좋은 스승이자 벗이 될 수 있다. 고전을 가까이 하는 방법에는 요령이 있다.

첫째, 많이 읽어 입에 올려야 한다. 한두 번 훑어보고 안다고 자만해서는 안 된다. 많이 읽으려 욕심낼 필요도 없고, 빨리 읽으려 조급할 이유도 없다. 음과 뜻을 분명하게 파악하면서 한 번에 몇 줄을 읽을지 몇 번을 읽을지 정해 놓고, 눈으로 보면서 입으로 읽어야 한다. 너무 큰 소리로 읽을 필요는 없다. 자기 숨에 맞게 음과 뜻을 새기면서 또박또박 읽어야 한다. 선현들은 평생 고전을 삼천 번 혹은 만 번을 소리 내어 읽어가며 익숙하게 하였다고 한다.

둘째, 마음으로 읽어야 한다. 고전을 입에 올리면서 의문이 생기면 지나치지 말고 의미가 무엇인지 스스로 생각해야 한다. 성급히 의문을 해결할 필요는 없다. 되풀이해서 읽고, 손으로도 써보면 도움이 된다. 손이 움직이면 마음이 따라가서, 의미가 명확해질 수 있다. 익숙하게 읽고 마음에 새기면서, 고전의 현재적인 의미를 자기 삶에 비추어 보아 스스로 체득해야 한다.

셋째, 몸소 실천해야 한다. 아는 것이 머리에만 맴돌면 바쁜 일상에 몰입하다 어느새 망각하기 쉽다. 생각에서부터 옳음을 명확히 분별하고 행동으로 이어지도록 독실하게 실천하면, 어느 순간 고전의 지혜가 마치 내입에서 나온 것처럼 나와 하나가 되어, 고전과 내가 모두 새롭게 의미를 지니게 될 수 있다.

배움에 뜻을 둔 몽학들이 『유몽집요』를 소중하게 생각하고 가까이 하길 희망한다. 환하고 밝은 마음, 맑고 바른 마음이 바로서서, 크게 하나 되는 살림의 행위가 나로부터 시작되어, 천지만물이 각자 자기 자리에서 조화롭게 공존하는 이상을 기대해본다. 자기답게 그리고 행복하게 삶을 가꿔가는 또 하나의 길이 여기에 있다.

차례

제1장

立志입지,
배움의 뜻 세우기

Establishing a commitment

근본에 뜻을 두다 ― 志本지본

人人有貴於己者 弗思耳
인 인 유 귀 어 기 자 불 사 이

〈맹자 고자상〉

사람마다 자기에게 귀한 것이 있지만, 생각하지 않을 뿐이다.

Each one of us has a noble virtue within us, but most people do not notice it.

───────── · ─────────

天生德於予
천 생 덕 어 여

〈논어 술이〉

하늘이 나에게 덕을 생겨나게 하였다.

Heaven produced the virtue that is in me.

214

天命之謂性 率性之謂道 修道之謂敎
천 명 지 위 성 솔 성 지 위 도 수 도 지 위 교

<중용>

하늘이 명한 것을 본성이라 하고, 본성을 따르는 것을 도라 하고, 도를 닦는 것을 가르침이라 한다.

What Heaven has conferred is called the nature. Accordance with this nature is called the Way. Cultivating this Way is called education.

─────────── · ───────────

盡其心者 知其性也 知其性 則知天矣
진 기 심 자 지 기 성 야 지 기 성 즉 지 천 의

<맹자 진심상>

자기의 선한 마음을 다한 자는 그 본성을 알게 되고, 그 본성을 알면 하늘을 알게 될 것이다.

By fully developing one's mind, one knows one's nature; knowing one's nature, one knows Heaven.

誠者天之道也 誠之者人之道也
성 자 천 지 도 야 성 지 자 인 지 도 야

<중용>

참된 것은 하늘의 도이고, 참되게 하려는 것은 사람의 도이다.

Sincerity is the Way of Heaven; making oneself sincere is the Way of human beings.

———————— · ————————

惻隱之心 人皆有之 羞惡之心 人皆有之
측 은 지 심 인 개 유 지 수 오 지 심 인 개 유 지
恭敬之心 人皆有之 是非之心 人皆有之
공 경 지 심 인 개 유 지 시 비 지 심 인 개 유 지

<맹자 고자상>

안타까워하고 아파하는 마음은 사람이 모두 가지고 있고, 부끄러워하고 미워하는 마음은 사람이 모두 가지고 있으며, 공손히 하고 존경하는 마음은 사람이 모두 가지고 있고, 옳고 그름을 가리는 마음은 사람이 모두 가지고 있다.

Everyone has the mind of pity and commiseration; everyone has the mind of shame and dislike; everyone has the mind of respectfulness and reverence; everyone has the mind that knows right and wrong.

216

人之所不學而能者 其良能也
인 지 소 불 학 이 능 자 기 양 능 야

所不慮而知者 其良知也
소 불 려 이 지 자 기 양 지 야

〈맹자 진심상〉

사람이 배우지 않고도 할 수 있는 것은 바로 양능이고, 생각하지 않고도 아는 것은 바로 양지이다.

When people who have not studied have abilities, these are inherent abilities. When people who have not deliberated have knowledge, this is inherent knowledge.

───────── · ─────────

人能弘道 非道弘人
인 능 홍 도 비 도 홍 인

〈논어 위령공〉

사람이 도를 넓힐 수 있는 것이지, 도가 사람을 넓히는 것이 아니다.

It is a person who is able to broaden the Way; It is not that the Way broadens the person.

順天者存 逆天者亡
순 천 자 존   역 천 자 망

〈맹자 이루상〉

하늘을 따르는 자는 살아남고, 하늘을 거스르는 자는 망한다.

Those who comply with Heaven survive; those who act contrary to Heaven perish.

人無遠慮 必有近憂
인 무 원 려   필 유 근 우

〈논어 위령공〉

사람이 멀리 헤아리는 것이 없으면 반드시 사소하게 근심하는 것이 있게 된다.

If one does not think far ahead, then troubles are near at hand.

物有本末 事有終始 知所先後 則近道矣
물 유 본 말 사 유 종 시 지 소 선 후 즉 근 도 의

<대학>

만물에는 근본과 말단이 있고 일에는 끝과 시작이 있다. 먼저 해야 할 것과 나중 해야 할 것을 알면, 도에 가까워질 것이다.

Things have their roots and branches. Affairs have their end and beginning. To know what is first and what is last will lead one near the Way.

———————— · ————————

先立乎其大 則其小者 弗能奪也
선 립 호 기 대 즉 기 소 자 불 능 탈 야

<맹자 고자상>

먼저 그 큰 것을 세우면, 그 작은 것이 빼앗을 수 없을 것이다.

If we first establish the greater part of ourselves, then the smaller details cannot be taken away from you.

古之學者 爲己 今之學者 爲人
고 지 학 자 위 기 금 지 학 자 위 인

〈논어 헌문〉

옛날에 학문하는 자는 자기 자신을 위해 배웠는데, 지금의 학문하는 자는 다른 사람을 위해 배운다

In the past, people learned with a view to their own improvement; nowadays people learn with a view to the approbation of others.

———————— · ————————

學如不及 猶恐失之
학 여 불 급 유 공 실 지

〈논어 태백〉

배움은 이르지 못한 것 같이 여기며 노력하고, 또한 배운 것을 잃어버릴까 두려워해야 한다.

Study as though you cannot catch up to it, yet still be afraid of losing it.

黙而識之 學而不厭
묵 이 지 지 학 이 불 염

<논어 술이>

묵묵히 하며 기억하고, 배우되 싫증내지 않는다.

Quietly persevere in storing up what is learned; Continue studying without respite.

敏而好學 不恥下問
민 이 호 학 불 치 하 문

<논어 공야장>

민첩하게 하면서도 배우기를 좋아하고, 아랫사람에게 묻는 것을 부끄러워하지 않는다.

Be diligent and fond of learning, and do not be ashamed to ask those of a lower status.

學而不思則罔 思而不學則殆

학 이 불 사 즉 망 사 이 불 학 즉 태

〈논어 위정〉

배우기만 하고 생각하지 않으면 얻음이 없고, 생각만 하고 배우지 않으면 위태롭다.

To study without thought is a labor lost; to think without studying is dangerous.

———————— · ————————

學而時習之 不亦說乎

학 이 시 습 지 불 역 열 호

〈논어 학이〉

배우고 때때로 익히면 또한 기쁘지 아니한가!

Is it not pleasant to learn with a constant perseverance and application?

知之者 不如好之者 好之者 不如樂之者
지 지 자 불 여 호 지 자 호 지 자 불 여 락 지 자

〈논어 옹야〉

아는 것은 좋아하는 것만 못하고, 좋아하는 것은 즐기는 것만 못하다.

They who know [the patten-principle] is not equal to those who love it, and they who love it are not equal to those who delight in it.

————————•————————

下學而上達
하 학 이 상 달

〈논어 헌문〉

아래로 배워서 위로 통달한다.

My study lies low, and my penetration rises high.

譬如爲山 未成一簣 止 吾止也
비 여 위 산 미 성 일 궤 지 오 지 야

譬如平地 雖覆一簣 進 吾往也
비 여 평 지 수 복 일 궤 진 오 왕 야

〈논어 자한〉

비유하면 산을 만드는 데 흙 한 삼태기가 모자라 이루지 못하고 그치더라도 나는 이미 그친 것이며, 비유하면 땅을 고르는 데 비록 흙한 삼태기를 부어서 나아가더라도 나는 이미 나아간 것이다.

It is like making a mountain. If I stop one bucketful short of completion, it is my stopping. It is like leveling the ground. Though I have thrown in only a single bucketful, it is my continuation.

———————— · ————————

人一能之 己百之 人十能之 己千之
인 일 능 지 기 백 지 인 십 능 지 기 천 지

〈중용〉

남이 한 번에 가능하면 나는 백 번을 노력하고, 남이 열 번에 가능하면 나는 천 번을 노력한다.

If someone else gets it in one try, I will try one hundred times. If someone else gets it in ten tries, I will try one thousand times.

或生而知之 或學而知之
혹 생 이 지 지 혹 학 이 지 지

或困而知之 及其知之 一也
혹 곤 이 지 지 급 기 지 지 일 야

或安而行之 或利而行之
혹 안 이 행 지 혹 리 이 행 지

或勉强而行之 及其成功 一也
혹 면 강 이 행 지 급 기 성 공 일 야

〈중용〉

어떤 이는 태어나면서 알고 어떤 이는 배워서 알며 어떤 이는 애를 써서 알지만, 아는 것에 있어서는 똑같다. 어떤 이는 편안하게 행하고 어떤 이는 이롭게 여겨서 행하고 어떤 이는 억지로 힘써서 행하지만, 공을 이룸에 있어서는 똑같다.

Some are born knowing it; some know it by learning; some have to struggle to know it. Nonetheless, the knowledge is the same. Some practice it by being comfortable within it; some practice it by benefitting from it; and some have to struggle to practice it. But when the practice is perfected, it is the same.

舜何人也 予何人也 有爲者亦若是

순 하 인 야 여 하 인 야 유 위 자 역 약 시

〈맹자 등문공상〉

순임금은 어떤 사람이고 나는 어떤 사람인가? 노력함이 있는 자는 또한 이와 같게 된다.

What kind of person was Sun? What kind of person am I? One who exerts effort will also be like him.

제2장

存養존양,
덕성을 보존하고 기르기

Preserving one's heart-mind and Nourishing one's nature

學問之道 無他 求其放心而已矣
학 문 지 도 무 타 구 기 방 심 이 이 의

〈맹자 고자상〉

학문하는 방법은 다른 것이 없다.
자신의 잃어버린 마음을 찾을 뿐이다.

The Way of learning is nothing else, but to seek for the lost mind.

———————— · ————————

求則得之 舍則失之
구 즉 득 지 사 즉 실 지

〈맹자 진심상〉

구하면 얻고 놓으면 잃는다.

Seek and then you will find them. Neglect and then you will lose them.

不曰如之何如之何者 吾末如之何也已矣
불 왈 여 지 하 여 지 하 자 오 말 여 지 하 야 이 의

어떻게 할까 어떻게 할까를 말하지 않는 자는 나도 어떻게 할 수
없을 따름이다!

For those who are not always saying, "What shall I do? What shall I
do?" I don't know what I can do for them.

操則存 舍則亡
조 즉 존 사 즉 망

〈맹자 고자상〉

잡으면 보존되고 놓으면 없어진다.

Hold it fast, and it remains with you. Let it go, and you lose it.

思則得之 不思則不得也
사 즉 득 지 불 사 즉 부 득 의

<맹자 고자상>

생각하면 얻고 생각하지 못하면 얻지 못한다.

By thinking, you will apprehend; by not thinking, you will fail to apprehend.

———————— · ————————

射有似乎君子
사 유 사 호 군 자

失諸正鵠 反求諸其身
실 저 정 곡 반 구 저 기 신

<중용>

활쏘기는 군자와 유사한 면이 있다. 쏜 살이 과녁에서 벗어나면 돌이켜 자기 자신에서 원인을 찾는다.

Practicing archery is like practicing to be a noble person. When you miss the center of the target, you turn round and seek for the cause of the error in yourself.

有諸己而後 求諸人 無諸己而後 非諸人

유 저 기 이 후 구 저 인 무 저 기 이 후 비 저 인

〈대학〉

자기 자신에게 선이 있은 후에 그것을 다른 사람에게 요구하며, 자기 자신에게 악이 없게 된 후에 그것을 다른 사람에게 비난한다.

People must possessed of the good qualities, and then they may require them in others. People must not have the bad qualities in themselves, and then they may require that they shall not be in the others.

———————— • ————————

自反而不縮 雖褐寬博 吾不惴焉

자 반 이 불 축 수 갈 관 박 오 불 췌 언

自反而縮 雖千萬人 吾往矣

자 반 이 축 수 천 만 인 오 왕 의

〈맹자 공손추상〉

스스로 돌이켜 바르지 않으면 비록 천한 사람이라도 나는 두렵게 하지 못하지만, 스스로 돌이켜 바르면 비록 천만 명이 있더라도 나는 가서 대적할 것이다.

If, one looking inward, I find that I am not upright, I must be in fear of even a poor fellow in coarse clothing. If, on looking inward, I find that I am upright, I may proceed against thousands and tens of thousands.

231

毋意 毋必 毋固 毋我
무 의　무 필　무 고　무 아

〈논어 자한〉

사사로운 의도가 없고 반드시 그래야 한다는 것도 없으며 고집하는 것도 없고 자기에만 갇히는 것도 없다.

[The Master eliminated four things]; He had no foregone conclusion, no arbitrary predeterminations, no obstinacy, and no egoism.

———————— · ————————

思無邪
사　무　사

〈논어 위정〉

생각에 간사함이 없다.

Have no depraved thoughts.

戒愼乎其所不睹 恐懼乎其所不聞

계 신 호 기 소 부 도 공 구 호 기 소 불 문

〈중용〉

그 보이지 않는 곳에서도 삼가고, 그 들리지 않는 곳에서도 두려워
해야 한다.

Be cautious in the place where you are not seen, and apprehensive
in the place where you are not heard.

———————————— • ————————————

心不在焉 視而不見 聽而不聞

심 부 재 언 시 이 불 견 청 이 불 문

食而不知其味

식 이 부 지 기 미

〈대학〉

선한 마음이 있지 않으면 보아도 보지 못하고, 들어도 듣지 못하며,
먹어도 그 맛을 알지 못한다.

When the mind is not focused, one does not see what one is
looking at, hear what one is listening to, or know the taste of the
food one eats.

몸가짐을 경건히 하다 — 敬身경신

修己以敬
수 기 이 경

〈논어 헌문〉

자기를 수양하되 경으로써 해야 한다.

Cultivate oneself in reverential carefulness.

———————— · ————————

發憤忘食 樂以忘憂
발 분 망 식 낙 이 망 우

〈논어 술이〉

분발하여 먹는 것도 잊고,
즐거워하여 근심도 잊는다.

In eager pursuit of knowledge, one forgets to eat; in the joy of its attainment, one forgets any worries.

不專心致志 則不得也
불 전 심 치 지 즉 부 득 야

<맹자 고자상>

마음을 오로지 하고 뜻을 다하지 않으면 터득하지 못한다.

Without concentrating one's heart-mind and applying one's will, one cannot succeed in it.

溫而厲 威而不猛 恭而安
온 이 려 위 이 불 맹 공 이 안

<논어 술이>

온화하면서도 엄숙하고, 위엄이 있으면서도 사납지 않으며, 공손하면서도 편안하다.

The Master was always gracious yet serious, commanding yet not severe, deferential yet at ease.

飽食終日 無所用心 難矣哉
포 식 종 일 무 소 용 심 난 의 재

不有博奕者乎 爲之猶賢乎已
불 유 박 혁 자 호 위 지 유 현 호 이

〈논어 양화〉

종일토록 배불리 먹으면서도 마음 쓰는 것이 없으면 어려울 것이다. 장기와 바둑 같은 것도 있지 않은가! 그것이라도 하는 것이 오히려 아무것도 하지 않는 것보다 낫다.

There are problems ahead for those who spend their whole day filling their stomachs without ever exercising their heart-and-mind. Are there not gamesters and chess players? To be one of these would be better than nothing.

動容貌 斯遠暴慢矣 正顔色 斯近信矣
동 용 모 사 원 포 만 의 정 안 색 사 근 신 의

出辭氣 斯遠鄙倍矣
출 사 기 사 원 비 배 의

〈논어 태백〉

행동거지를 움직일 때는 바로 사나움과 태만함을 멀리하고, 얼굴
빛을 바르게 할 때는 바로 믿음에 가깝게 하며, 말과 소리를 낼 때
는 바로 비루함과 이치에 어긋남을 멀리한다.

By maintaining a dignified demeanor, they keep violent and
rancorous conduct at a distance; by maintaining a proper
countenance, they keep trust and confidence near at hand; by
taking care in choice of language and mode of expression, they
keep vulgarity and impropriety at a distance.

———————— · ————————

居處恭 執事敬 與人忠
거 처 공 집 사 경 여 인 충

〈논어 자로〉

사는 곳에 머물 때에 용모를 공손히 하고, 일을 집행할 때에 일을
공경히 하며, 남과 어울릴 때에 마음을 진실하게 해야 한다.

In retirement, be seda tely grave; be respectfully attentive in
managing affairs, and be loyal toward others.

當灑掃應對進退則可

당 쇄 소 응 대 진 퇴 즉 가

<논어 자장>

물 뿌리고 비질하여 청소하고, 접대하고 대답하여 응대하며, 나아가고 물러나는 예절에 대해서는 괜찮게 한다.

[The disciples and followers of Ja Ha] In sprinkling and sweeping the ground, in answering and replying, in advancing and receding, are sufficiently accomplished.

食無求飽 居無求安 敏於事而愼於言

식 무 구 포   거 무 구 안   민 어 사 이 신 어 언

<논어 학이>

먹음에 배부름을 구하지 않고, 거처함에 편안함을 구하지 않으며, 일을 민첩히 하고 말을 신중히 한다.

[Noble people] in eating, do not look for a full stomach, nor in their lodgings for comfort and contentment. They are persons of action yet cautious in what they say.

持其志 無暴其氣
지 기 지 무 포 기 기

〈맹자 공손추상〉

자신의 바른 의지를 간직하고 그 기운을 포악하게 하지 말라.
Grasp your will and do not do no violence to your vital energy.

---·---

肉雖多 不使勝食氣
육 수 다 불 사 승 사 기

唯酒無量 不及亂 食不語 寢不言
유 주 무 량 불 급 란 식 불 어 침 불 언

〈논어 향당〉

고기는 비록 많이 먹더라도 밥의 기운을 넘게 하지 않았다. 술만큼은 정해진 양이 없었으나 취하여 문란한 지경에는 이르지 않았다. 먹을 때는 대답하지 않았고, 잠잘 때는 말하지 않았다.

Even when meat was abundant, [Confucius] would not eat it in disproportionate amount to the staple foods. Only in his wine did he not limit himself, although he never got drunk. While eating he would not converse, and having retired for the night he would not talk.

視思明 聽思聰 色思溫
시 사 명　청 사 총　색 사 온

貌思恭 言思忠 事思敬 疑思問
모 사 공　언 사 충　사 사 경　의 사 문

忿思難 見得思義
분 사 난　견 득 사 의

〈논어 계씨〉

봄에는 분명하게 볼 것을 생각하고, 들음에는 총명하게 들을 것을
생각하며, 얼굴빛은 온화하게 할 것을 생각하고, 용모는 공손하게
할 것을 생각하며, 말은 진실되게 할 것을 생각하고, 일은 경건하게
할 것을 생각하며, 의심남에는 물을 것을 생각하고, 분함에는 어렵
게 될 것을 생각하며, 얻음을 보면 옳은 것을 생각한다.

In seeing focus on clarity; in listening, focus on acuity; in facial
expression, focus on gentleness; in bearing, focus on reverence;
in words, focus on loyalty; in affairs, focus on attentiveness; in
doubt focus on questioning; in anger, focus on troublesome
consequences; in opportunities to gain, focus on what is right.

제3장

省察성찰,
이치를 살피고 다잡기

Examining oneself

선을 밝히다 — 明善명선

誠身有道 不明乎善 不誠乎身矣
성 신 유 도 불 명 호 선 불 성 호 신 의

〈중용〉

자신을 참되게 하는 것은 방법이 있으니, 선에 밝지 못하면 자신을
참되게 하지 못할 것이다.

There is a way to the attainment of sincerity in one's self; if you do
not understand what is good, then you will not attain sincerity in
yourself.

衆惡之 必察焉 衆好之 必察焉
중 오 지 필 찰 언 중 호 지 필 찰 언

〈논어 위령공〉

많이 이가 싫어하더라도 반드시 살펴보고, 많이 이가 좋아하더라
도 반드시 살펴보아야 한다.

If the masses hate something, one must investigate it; if the masses
love something, one must investigate it.

眸子不能掩其惡 胸中正 則眸子瞭焉

모 자 불 능 엄 기 악 흉 중 정 즉 모 자 료 언

胸中不正 則眸子眊焉

흉 중 부 정 즉 모 자 모 언

〈맹자 이루상〉

눈동자는 자신의 나쁜 마음을 가리지 못한다. 속마음이 바르면 눈
동자가 밝고, 속마음이 바르지 못하면 눈동자가 흐릿하다.

In the pupil one's wickedness cannot be concealed. When one is
correct within one's innermost being, the pupil will be clear. When
one is not correct in one's innermost being, the pupil will be dull.

———————— · ————————

浸潤之譖 膚受之愬 不行焉

침 윤 지 참 부 수 지 소 불 행 언

可謂明也

가 위 명 야

〈논어 안연〉

서서히 스며드는 참소와 피부에 와 닿는 하소연이 통하지 않으면
현명하다고 이를 만하다.

A person who stays aloof from slander that pollutes the community
and from rumor mongering that spreads like a rash can be said to
be perspicacious.

詖辭 知其所蔽 淫辭 知其所陷
피 사 　지 기 소 폐 　음 사 　지 기 소 함

邪辭 知其所離 遁辭 知其所窮
사 사 　지 기 소 리 　둔 사 　지 기 소 궁

〈맹자 공손추상〉

치우친 말을 들으면 그 말의 가려진 점을 알아야 하고, 방탕한 말을 들으면 그 말의 빠진 점을 알아야 하며, 간사한 말을 들으면 그 말의 괴리된 점을 알아야 하고, 회피하는 말을 들으면 그 말의 궁색한 점을 알아야 한다.

When hearing deceptive speech, one should know what it is covering up; when hearing licentious speech, one should know its pitfalls; when hearing crooked speech, one should know where it departs from the truth; when hearing evasive speech, one should know its emptiness.

視其所以 觀其所由 察其所安
시 기 소 이 관 기 소 유 찰 기 소 안

人焉廋哉 人焉廋哉
인 어 수 재 인 언 수 재

〈논어 위정〉

그 하는 행동을 보고, 그 따르는 이유를 살피며, 그 편안히 여기는
일을 관찰한다면, 사람이 어찌 숨길 수 있겠는가 사람이 어찌 숨길
수 있겠는가!

See what people do; mark their motives; examine in what things
they rest. How can people conceal their characters? How can
people conceal their characters?

致知在格物
치 지 재 격 물

〈대학〉

앎을 지극히 하는 것은 사물에 이르러
이치를 탐구함에 있다.

Extension of knowledge consists of the investigation of things.

博學之 審問之 愼思之 明辨之
박 학 지 심 문 지 신 사 지 명 변 지

〈중용〉

널리 배우고 자세히 물으며 신중히 생각하고 밝게 변별해야 한다.

Study broadly, inquire in detail, contemplate carefully, discern clearly, and practice sincerely.

博學於文
박 학 어 문

〈논어 옹야〉

글을 널리 배워야 한다.

Be widely versed in letters.

明於庶物 察於人倫
명 어 서 물 찰 어 인 륜

〈맹자 이루하〉

만물의 이치를 밝게 알고 인간의 윤리를 자세히 살폈다.

[The sage king Sun] clearly understood the multitude of things, and closely observed the relations of humanity.

246

吾嘗終日不食 終夜不寢 以思 無益 不如學也
오 상 종 일 불 식 　 종 야 불 침 　 이 사 　 무 익 　 불 여 학 야

〈논어 위령공〉

나는 일찍이 종일토록 먹지도 않고 밤새도록 자지도 않으며 생각
에 빠져 보았지만 도움 되는 것이 없었다. 배우는 것만 못하다.

I have been the whole day without eating, and the whole night
without sleeping; occupied with thinking. It was of no use. The
better plan is to learn.

———————————— · ————————————

吾日三省吾身 爲人謀而不忠乎
오 일 삼 성 오 신 　 위 인 모 이 불 충 호

與朋友交而不信乎 傳不習乎
여 붕 우 교 이 불 신 호 　 　 전 불 습 호

〈논어 학이〉

나는 날마다 세 가지로 나 자신을 살핀다. 남을 위해 도모함에 진실
되지 않았는가? 친구와 더불어 사귐에 믿음을 지키지 않았는가?
전해 받은 것을 익히지 않았는가?

Each day I examine myself upon three points: in doing things for
others, have I been loyal? In my interactions with friends, have I
been trustworthy? Have I practiced what has been passed on to
me?

誠於中 形於外 故君子必愼其獨也
성 어 중 형 어 외 고 군 자 필 신 기 독 야

〈대학 전6장〉

속마음에서 참되면 밖으로 드러난다.
그러므로 군자는 반드시 자신 홀로 아는 곳을 삼가는 것이다.

Internal sincerity expresses itself outwardly. Therefore, exemplary
persons must be watchful over themselves when they are alone.

────────── · ──────────

見善如不及 見不善如探湯
견 선 여 불 급 견 불 선 여 탐 탕

〈논어 계씨〉

선을 보면 미치지 못할 것처럼 노력하고, 불선을 보면 끊는 물을 만
진 것처럼 피해야 한다.

When seeing the good, pursue it as if you could not reach it. When
seeing the bad, shrink from it, as you would from thrusting the
hand into boiling water.

248

擇乎中庸 得一善則
택 호 중 용 　 득 일 선 즉

拳拳服膺 而弗失之矣
권 권 복 응 　 이 불 실 지 의

〈중용〉

중용을 선택하여 하나의 선을 얻으면, 맞잡고 받들며 가슴에 품고
잃지 않는다.

Choose the Middle Way, and whenever you get hold of what is
good, clasp it firmly as if wearing on your chest, and do not lose it.

———————— · ————————

聞一善言 見一善行 若決江河
문 일 선 언 　 견 일 선 행 　 약 결 강 하

〈맹자 진심상〉

하나의 선한 말을 듣고 하나의 선한 행실을 보면 마치 강과 하천의
물길을 터놓듯 굳세게 실천한다.

When hearing a single good word, or seeing a single good action,
[act] like a stream or a river bursting its hanks.

子路有聞 未之能行 唯恐有聞
자 로 유 문 미 지 능 행 유 공 유 문

<논어 공야장>

자로는 듣고서 그것을 실행하지 못하면, 그저 다른 말을 듣게 될까
두려워하였다.

When Jaro had learned something but had not yet been able to act
upon it, his only fear was that he would learn something more.

見義不爲 無勇也
견 의 불 위 무 용 야

<논어 위정>

옳음을 보고 행하지 않으면 용기가 없는 것이다.

Failing to act on what is seen as righteous is a wast of courage.

群居終日 言不及義 好行小慧 難矣哉
군 거 종 일 언 불 급 의 호 행 소 혜 난 의 재

<논어 위령공>

하루 종일 여럿이 모여 있으면서 말이 옳음에 미치지 못하고 작은
꾀를 행하기를 좋아한다면 어렵게 될 것이다.

Those who sit in a group all day without their conversation ever
touching on righteousness, and who like to act according to small-
minded wisdom will have difficulties.

非禮勿視 非禮勿聽 非禮勿言 非禮勿動
비 례 물 시 비 례 물 청 비 례 물 언 비 례 물 동

<논어 안연>

예가 아니면 보지도 말고, 예가 아니면 듣지도 말며, 예가 아니면
말하지도 말고, 예가 아니면 행동하지도 말라.

Do not look at anything that violate the observance of ritual
propriety; do not listen to anything that violates the observance
of ritual propriety; do not speak about anything that violates the
observance of ritual propriety; do not do anything that violates the
observance of ritual propriety.

251

允執厥中
윤 집 궐 중

〈논어 요왈〉

진실로 그 중을 잡아라.

Grasp it sincerely and without deviation.

————————— · —————————

心誠求之 雖不中 不遠矣
심 성 구 지 수 불 중 불 원 의

〈대학 전9장〉

마음으로 정성스럽게 구하면 비록 적중하지 않더라도 멀리 벗어나
지 않을 것이다.

[As if a mother is watching over her infant] if you are really anxious about
it, though you may not hit exactly the wants [of your infant], you will
not be far from them.

252

誠其意者 毋自欺也 如惡惡臭 如好好色

성 기 의 자 무 자 기 야 여 오 악 취 여 호 호 색

〈대학〉

자신의 뜻을 참되게 하는 것은 스스로 기만하지 않는 것이니, 나쁜 냄새를 싫어하듯 하고, 좋은 형색을 좋아하듯 하는 것이다.

What is meant by "making the thoughts sincere." is the allowing no self-deception, as when we hate a bad smell, and as when we love what is beautiful.

誠之者 擇善而固執之者也

성 지 자 택 선 이 고 집 지 자 야

〈중용〉

참되게 하려는 것은 선을 택하여 굳게 잡고 행하는 것이다.

Attaining to sincerity is choosing what is good, and firmly holds it fast.

제4장

心鏡심경,
성현의 언행 마음에 새기기

The Mirror of Heart—mind

성현의 빼어난 말 — 嘉言가언

生於憂患 死於安樂
생 어 우 환 사 어 안 락

<맹자 고자하>

근심하고 걱정하는 데에서 살고, 편안해하고 즐거워하는 데에서 죽는다.

How life springs from sorrow and calamity, and death from ease and pleasure.

士志於道而恥惡衣惡食者 未足與議也
사 지 어 도 이 치 악 의 악 식 자 미 족 여 의 야

<논어 이인>

선비가 도에 뜻을 두고서도 거친 옷과 거친 음식 같은 것을 부끄러워한다면, 더불어 도를 의논하기에 충분하지 않다.

Those scholar-apprentices who, sets their hearts on the Way, are ashamed of rude clothing and coarse food, are not worth engaging in discussion.

先事後得 非崇德與
선 사 후 득 　비 숭 덕 여

攻其惡 無攻人之惡 非脩慝與
공 기 악 　무 공 인 지 악 　비 수 특 여

一朝之忿 忘其身
일 조 지 분 　망 기 신

以及其親 非惑與
이 급 기 친 　비 혹 여

〈논어 안연〉

해야 할 일을 먼저하고 얻을 것을 뒤로 미룬다면 덕을 높이는 것이
아니겠는가?
자기 자신의 나쁜 점을 다스리고 다른 사람의 나쁜 점을 다스리지
않는 것이 사특함을 닦는 것이 아니겠는가?
하루아침의 사소한 분노로 자기 자신을 잊어서 화가 자기 부모에
게 이르게 하는 것이 미혹된 것이 아니겠는가?

If doing what is to be doe be made the first business, and success
a secondary consideration is not this the way to exalt virtue? So
Assail one's own wickedness and not assail that of other is not this
the way to correct cherished the bad? For a morning's anger to
disregard one's own life, and involve that of one's parents is not
this a case of delusion?

古者 言之不出 恥躬之不逮也
고 자　언 지 불 출　치 궁 지 불 체 야

〈논어 이인〉

옛날에 말을 함부로 내지 않은 것은 몸의 행실이 말에 미치지 못할 것을 부끄러워해서였다

The ancients were wary of speaking because they were ashamed if their conduct would not match up.

質勝文則野 文勝質則史
질 승 문 즉 야　문 승 질 즉 사

文質彬彬 然後君子
문 질 빈 빈　연 후 군 자

〈논어 옹야〉

마음 바탕이 꾸민 겉모습을 이기면 촌스럽고, 꾸민 겉모습이 마음 바탕을 이기면 화려하니, 꾸민 겉모습과 마음 바탕이 어우러진 뒤에야 군자인 것이다.

When raw substance prevails over refinement, you will be coarse. If refinement prevails over raw substance, you will be clerical. When refinement and raw qualities are well blended, only then you will be a noble person.

無欲速 無見小利
무 욕 속 무 견 소 리

欲速則不達 見小利則大事不成
욕 속 즉 부 달 견 소 리 즉 대 사 불 성

〈논어 자로〉

빨리 이루려 하지 말고, 조그만 이익을 탐하지 말아야 한다. 빨리
이루려고 하면 달성하지 못하고, 조그만 이익을 탐하면 큰 일이 이
루어지지 않는다.

Do not seek quick results; do not attend to matters of minor profit.
If you seek quick results, you will not attain succeed in great affairs.

———————— • ————————

躬自厚而薄責於人 則遠怨矣
궁 자 후 이 박 책 어 인 즉 원 원 의

〈논어 위령공〉

자기 스스로 책망하기를 무겁게 하고, 남을 책망하기를 가볍게 하
면 원망을 멀리하게 될 것이다.

Requires much from oneself personally and not much from others,
then it will keep ill will at a distance.

過而不改 是謂過矣
과 이 불 개　시 위 과 의

〈논어 위령공〉

잘못하고도 고치지 않는 것, 이것을 허물이라 하는 것이다.

To make a mistake and not change it — that, indeed, is to make a real mistake.

---·---

苟日新 日日新 又日新
구 일 신　일 일 신　우 일 신

〈대학〉

진실로 어느 날에 새로워졌거든 나날이 새롭게 하고, 또 날에 새롭게 해야 한다.

Truly renewed one day, renew each and every day, again, renew each day.

---·---

不遷怒 不貳過
불 천 노　불 이 과

〈논어 옹야〉

화를 옮기지 않고, 잘못을 두 번 되풀이하지 않는다.

Do not take your anger out on others; do not make the same mistake twice.

其身正 不令而行
기 신 정 불 령 이 행

其身不正 雖令不從
기 신 부 정 수 령 부 종

<논어 자로>

자기 몸이 바르면 명령하지 않아도 행하고, 자기 몸이 바르지 않으면 비록 명령하더라도 따르지 않는다.

When a prince's personal conduct is correct, his government is effective without the issuing of orders. If his personal conduct is not correct, he may issue orders, but they will not be followed.

不患人之不己知 患其無能也
불 환 인 지 불 기 지 환 기 무 능 야

<논어 헌문>

남이 자기를 알아주지 않음을 근심하지 말고, 자신이 능력 없음을 근심해야 한다.

Do not be concerned that others do not recognize you, be concerned about what you are yet unable to do.

260

當仁 不讓於師
당 인 불 양 어 사

〈논어 위령공〉

인을 마주해서는 스승에게도 양보하지 않는다.

When one acts with humaneness, one does not yield even to one's teacher.

───────── · ─────────

可與言而不與之言 失人
가 여 언 이 불 여 지 언　실 인

不可與言而與之言 失言
불 가 여 언 이 여 지 언　실 언

〈논어 위령공〉

더불어 말할 만한데 그와 더불어 말하지 않으면 사람을 잃고, 더불어 말할 만하지 않은데 그와 함께 말하면 말을 잃는다.

To fail to speak with someone who can be engaged is to let that person go to waste; to speak with someone who cannot be engaged is to waste your words.

悅親有道 反身不誠 不悅於親矣
열 친 유 도 반 신 불 성 불 열 어 친 의

〈맹자 이루상〉

부모를 기쁘게 하는 데는 방법이 있다. 자신을 돌아보아 참되지 않으면 부모를 기쁘게 하지 못할 것이다.

There is the Way for pleasing your parents. If you examine yourself and find you do not have sincerity, you will not be able to please your parents.

所求乎子 以事父 所求乎弟 以事兄
소 구 호 자 이 사 부 소 구 호 제 이 사 형

〈중용 제13장〉

자식에게 바라는 것으로 부모를 섬기고, 동생에게 바라는 것으로 형을 섬겨야 한다.

Treating my father as I expect my son to treat me. Treating my older brothers as I expect my younger brothers to treat me.

友直 友諒 友多聞 益矣
우 직 우 량 우 다 문 익 의

友便辟 友善柔 友便佞 損矣
우 편 벽 우 선 유 우 편 녕 손 의

<논어 계씨>

벗이 정직하고 벗이 진실하며 벗이 견문이 많으면 유익할 것이고,
벗이 한쪽만 익숙하고 벗이 아첨함만 잘하며 벗이 말재주만 능란
하면 손해될 것이다.

Friends who are upright, sincere, and have learned much improve
you; friends who are fawning, insincere, and crafty in speech
diminish you.

人而無信 不知其可也 大車無輗
인 이 무 신 부 지 기 가 야 대 거 무 예

小車無軏 其何以行之哉
소 거 무 월 기 하 이 행 지 재

<논어 위정>

사람이면서 도리어 믿음이 없으면 그가 괜찮은 자인지 알지 못하
겠다. 큰 수레에 끌채가 없고 작은 수레에 끌채가 없으면, 어떻게
운행할 수 있겠는가!

If persons lack trustworthiness, I do not know what they can be
good for. When a pin is missing from the yoke-bar of a large
wagon, or from the collar-bar of a small wagon, how can it go?

263

三人行 必有我師焉
삼 인 행 필 유 아 사 언

擇其善者而從之 其不善者而改之
택 기 선 자 이 종 지 기 불 선 자 이 개 지

〈논어 술이〉

여러 사람이 길을 가면 반드시 나의 스승으로 삼을 만한 것이 있으니, 그 가운데 선한 것을 가려서 따르고, 그 가운데 선하지 않은 것을 가려서 고쳐야 한다.

When walking in a groups of three, there must be my teacher. I draw out what is good in them and follow it, and what is not good in them I alter it in myself.

晏平仲 善與人交 久而敬之
안 평 중 선 여 인 교 구 이 경 지

〈논어 공야장〉

안평중은 사람들과 더불어 사귀기를 잘한다. 오래되어도 공경한다.

An Pyeongjung was good at interacting with people. Even after long acquaintance, he remained respectfully attentive.

264

子貢方人 子曰　賜也 賢乎哉 夫我則不暇
자 공 방 인　자 왈　사 야　현 호 재　부 아 즉 불 가

<논어 헌문>

자공이 남과 비교하자, 공자께서 말씀하셨다. "사는 어진가 보다. 나는 그럴 겨를이 없다."

Ja Gong comparing himself with others. Confucius said, "How worthy Sa is! As for me, I have no time for that."

———————— · ————————

父子有親 君臣有義 夫婦有別
부 자 유 친　군 신 유 의　부 부 유 별

長幼有序 朋友有信
장 유 유 서　붕 우 유 신

<맹자 등문공상>

부모와 자식 사이에는 친함이 있어야 하고, 임금과 신하 사이에는 옳음이 있어야 하며, 남편과 아내 사이에는 분별이 있어야 하고, 어른과 어린이 사이에는 차례가 있어야 하며, 친구와 친구 사이에는 신의가 있어야 한다.

Between father and son, there should be affection; between sovereign and minister, righteousness; between husband and wife, differences; between old and young, a proper order; and between friends, faithfulness.

君子 成人之美 不成人之惡
군 자 성 인 지 미 불 성 인 지 악

小人 反是
소 인 반 시

〈논어 안연〉

군자는 남의 좋은 점을 이루어주고 남의 나쁜 점을 이루어주지 않지만, 소인은 이와 반대로 한다.

A noble person perfects what is beautiful in people, but does not perfect what is ugly. A petty person does the opposite.

———————— • ————————

君子和而不同 小人同而不和
군 자 화 이 부 동 소 인 동 이 불 화

〈논어 자로〉

군자는 조화를 이루면서 같아지지도 않고, 소인은 같아지면서 조화도 이루지 않는다.

A noble person acts in harmony with others but does not seek to be like them. A petty person seeks to be like others and does not at in harmony.

266

出門如見大賓
출 문 여 견 대 빈

〈논어 안연〉

문 밖을 나가면 큰 손님 접견하듯 사람을 대하라.

When you go out your front gate, treat each person as though meeting a great guest.

———————— • ————————

窮則獨善其身 達則兼善天下
궁 즉 독 선 기 신   달 즉 겸 선 천 하

〈맹자 진심상〉

곤궁하면 자신의 몸을 홀로 선하게 하고, 현달하면 천하를 두루 선하게 한다.

In dire straits they only develop their own goodness. Successful, they share their goodness with the whole world.

德不孤 必有隣

덕 불 고　필 유 린

〈논어 이인〉

덕이 있는 사람은 외롭지 않다.
반드시 좋은 이웃이 생긴다.

Virtue is never alone; it always has neighbors.

---·---

里仁爲美 擇不處仁 焉得知

이 인 위 미　택 불 처 인　언 득 지

〈논어 이인〉

마을이 어진 것이 아름다우니, 선택하되 어진 곳에 거처하지 않는
다면 어찌 지혜로울 수 있겠는가?

As for a neighborhood, it is its humaneness that makes it beautiful.
If one chooses not to dwell admist humaneness, whence will come
knowledge?